U0550328

SeaEagle

SeaEagle

美國《時代週刊》評選爲20世紀十大英雄偶像之一！

假如給我三天的光明

最新全譯本

Helen Keller | **海倫．凱勒**自傳

演講｜名言｜散文｜啟蒙老師的演講

海倫．凱勒 Helen Adams Keller／著　逸凡／譯

「這本書是偉大經歷和平凡故事的完美結合，海倫．凱勒堪稱人類意志力的偉大偶像。」 ——**《時代週刊》**

「跨越了聾盲的身體障礙與折磨，海倫．凱勒不屈不撓的堅毅精神，成為強者的永恆象徵。」 ——**《紐約時報》**

「我應該感謝海倫．凱勒小姐，是她讓我明白應該如何去面對不幸，如何去迎接命運的挑戰，她讓我知道，應該珍惜我擁有的一切！」

——**美國第三十二任總統 富蘭克林．羅斯福**

Three Days To See

編者序

海倫・亞當斯・凱勒（Helen Adams Keller），一八八〇年六月二十七日出生於美國阿拉巴馬州北部的塔斯坎比亞鎮，一生寫有十幾本著作，精通英、法、德、拉丁、希臘五種文字。

在海倫・凱勒十九個月大的時候，不幸被猩紅熱奪去視力和聽力而成為聾盲人士，然而幸運的是，命運把安妮・蘇利文（Anne Sullivan）老師帶到她的身邊。於是，在老師的幫助下，海倫・凱勒重新獲得新的人生。她摒棄過去的黑暗痛苦，開始光明熱切的新生活。她帶著對這個世界無盡的好奇心，像一塊海綿一樣不停汲取知識，充實自己的生命。

一八九〇年，海倫・凱勒在莎拉・富勒小姐的指引下，以頑強的毅力克服生理缺陷，學會了說話，讓世人感到非常驚訝。一八九九年，她又成功考入哈佛大學拉德克利夫學院，並且於四年以後順利取得學位。在她的不懈努力之下，最終使自己成為一個學識淵博的人。

大學畢業以後，海倫·凱勒走遍了世界各地，為盲人學校募集資金，把自己的一生獻給盲人福利和教育事業。同時，她還致力於救助傷殘兒童、保護婦女權益、爭取種族平等的社會活動。也因為如此，她獲得世界各國人民的讚揚，被美國《時代週刊》評選為美國十大英雄偶像，繼而又榮獲「總統自由動章」等嘉獎。她的事蹟曾經兩次被拍攝成電影，其中一部《拯救》是由她自己主演的。

我們似乎很難想像，正是這個幽閉在盲聾世界裡的人，卻帶給人類無盡的光明，震撼整個世界。因此，對於這個奇女子，我們應該有深入詳盡的認識，秉持這樣的想法，我們編譯了此書。

著名作家馬克·吐溫曾經說：「十九世紀出現兩個偉大的人物，一個是拿破崙，一個是海倫·凱勒。」在讀完這本書之後，你會發現馬克·吐溫先生所言是多麼正確。

自序

回憶真是一件讓我惶恐不安的事情。

我提起筆來，寫下自己從出生到現在的生命歷程，

感覺到童年往事如同籠罩在我身上的薄霧一般，模糊而飄渺，

我要把它掀開的時候，才發現其中有很多細節已經變得模糊不清。

因為童年早已離我遠去，

現在的我，很難分清楚回憶中到底哪些是事實，哪些是幻想。

然而，有些回憶在我的大腦深處，是永不褪色的，

雖然這些畫面只是一些片段、零碎，

但是它們對於我的生命卻有或大或小的影響。

美國《時代週刊》評選爲
20世紀十大英雄偶像之一！

為了避免文章冗長乏味，
我只是節選一部分最有價值和最有趣味的情節，來講述我人生的故事。

——海倫·凱勒

目錄

假如給我三天的光明

《附錄》

我生活的故事

The Story of My Life

第1章
幼年時期的光明

我懷著不安的心情來記錄我這一生的故事。在我的整個童年時期，生活就像一團籠罩在我身上的金色迷霧。每次我回憶起童年時期的往事時，我就會發現，過去的日子多麼自然美好、真實親切，它如同一條紐帶，與此時此刻的我緊緊相連。女人們通常會以富於想像力的方式來描述自己的童年經歷。雖然，那些鮮活而生動的記憶來自我生命的最初時光，但是後來牢房一般的陰暗始終伴隨著我度過餘生。此外，童年時期的歡樂和悲傷大多成為前塵往事，它們已然失去當時的鋒芒；在我接受早期教育過程中的那些重大事件，已經隨著更加激動人心的偉大發現而被我淡忘。所以說，把我的生命中那些非常重要的章節做一個全盤性的總結，不是一件枯燥的、沒有意義的事情。

一八八〇年六月二十七日，我在阿拉巴馬州北部的一個叫做塔斯坎比亞的小鎮上出生。

我父親家的祖先是來自瑞士的卡斯帕・凱勒家族，最初他們定居在馬里蘭州。有意思的是，在我的瑞士祖先中，有一個人是蘇黎世聾啞學校的教師，他寫過一本關於教學生涯的書，可是誰可以料想到，他竟然會有我這個又聾又啞的後人。每次想到這裡，我的心裡就會不禁感歎，人類的命運真是不可預知啊！

我的祖父，也就是卡斯帕・凱勒家族的後代，來到阿拉巴馬州這片廣闊而肥沃的土地上，並且最終定居在此。我後來得知，曾經有那麼一年，祖父騎馬從塔斯坎比亞前往費城，為的是替種植園添置一些耕作用具。在我姑媽寄來的許多家書中，裡面有很多對祖父旅行的生動描寫。

我的祖母，是一個名叫亞歷山大・摩爾的侍從武官的女兒；祖母的爺爺很有背景，是維吉尼亞州最早的殖民總督，名叫亞歷山大・斯波茲伍德。

我的父親，名叫亞瑟・凱勒，是一個聯邦軍隊中的上尉，我的母親凱特・亞當斯是他的第二個妻子，兩個人年齡相差很多。

我從小就住在一個很小的房子裡，一直到疾病讓我失去視覺和聽覺之後，情況才有所改變。在當時，我們家是由一個巨大的四方形房間和一個小房間構成的，小房間是僕人們休息的地方。這源自南方人的習俗，挨著宅第建造一個附屬的小房間，以備不時之需。宅第是我的父親在內戰結束以後建造的，娶了我的母親以後，他們就在此定居。房子的牆壁上全是葡萄藤、薔薇、金銀花，遠遠看過去，我們的房子就像一個巨大的涼亭。屋子前面的門廊被滿眼的黃玫瑰和茯苓花遮蔽，因此這裡是蜂雀和蜜蜂最喜歡的地方。

祖父和祖母居住的老宅子距離我們家的涼亭很近。這座老宅子的周圍都是樹叢及籬笆，籬笆上還有美麗的英格蘭常春藤纏繞覆蓋，所以人們把這裡叫做「常春藤綠地」，這是我童年時期的天堂。

在蘇利文老師沒有來到我家之前，我每天都習慣於沿著正方形的黃楊木樹籬摸索前行。我讓嗅覺做我的嚮導，透過嗅覺，我發現我生命中的第一株紫羅蘭花和百合花。每次我發完脾氣，就會來到這個花園裡，尋找那些可以讓我感到舒適的東西。我把自己溫熱的臉埋進涼颼颼的樹葉和草叢之中，將自己迷失在花叢中是如此地讓人愉悅，從一個地方尋覓到另一個地方也帶給我其樂無窮的快感。就在探尋的過程中，我會突然碰到一根美麗的藤蔓，我會透過它的葉子和花蕾來辨別其形狀，而且我知道，這就是那株覆蓋著搖搖欲墜的涼亭、遠在花園盡頭的葡萄藤！鐵線蓮就在我的身邊，觸手可及，還有垂落於枝葉之間的茉莉花，以及一種名叫蝴蝶百合的稀有花卉。蝴蝶百合顧名思義，就是因為它的花瓣很像蝴蝶的翅膀而得名。花園中最傲人的花魁是玫瑰，我從來沒有在北方的溫室裡見過長勢如此繁茂的玫瑰，花朵沿著門廊形成一道長長的花徑，空氣中瀰漫著沁人的芳香，泥土的濁氣絲毫沒有沾染這種清醇的味道。每天清晨，沐浴在露水中的玫瑰嬌柔動人，此時我就會忍不住聯想，這些玫瑰是不是就是上帝花園中的長春花？

就像很多毫不起眼的生命一樣，我的生命一開始也是樸素、單純的，與很多普通人家中的第一個孩子一樣。家人們為了替我取名字，每個人都參與其中，煞費周折。我的父親建議為我取名為蜜德莉・坎貝爾，這個名字來自父親極為崇敬的一位先祖，父親對於這個名字很堅持，拒絕做進一步的商榷。我的母親按照自己的意願說出其他見解，她認為我應該隨外婆的名字，叫海倫・埃弗里特。沒想到的是，就在一家人興高采烈地帶我去教堂洗禮的路上，父親把取好的名字忘了，這其實是可以理解的，因為這是一個父親根本不喜歡的名字，他怎麼會記在心裡？所以，牧師問他的時候，他慌了神，但是因為早就定好我的名字還是應該隨我外祖母的姓氏，於是他為我取名為海倫·亞當斯。

我的家人告訴我，我還在襁褓中的時候，就顯示出不服輸的個性，我會努力模仿別人做的每件事情。在我六個月大的時候，就可以咿呀說出「你好」之類簡單的詞句。還有一次，我十分清晰地說出「茶，茶，茶」，讓家裡的大人深感驚訝。即使是在我生病之後，我仍然記得在我的生命最初幾個月裡學到的一個單字——「水」。我的病情日益嚴重，所有的語言功能喪失殆盡以後，我還是可以模糊地發出「水」這個單字的發音。

我聽家人們說我一歲的時候學走路的情景。有一次，母親幫我洗完澡，把我從澡盆裡抱出來，放在她的膝蓋上。當時，林木婆娑，光影搖曳，我被眼前的景象吸引住了，於是我從母親的腿上掙脫出來，試圖追逐地上的陰影。這種突如其來的衝動，讓我為之付出慘痛的代價，我重重跌倒在地上，又哭喊著撲進母親的懷抱。

這樣快樂的日子沒有延續很久。我只經歷一個短暫的春天，知更鳥和嘲鶇的啁啾繚繞的春天；一個繁盛的夏天，鮮花和漿果香氣滿滿的夏天；一個金黃色的秋天，枯葉和敗枝堆積的秋天。此後，所有美好就戛然而止。

季節在向一個如饑似渴、欣喜異常的幼兒腳下，留下它最後的禮物以後，在陰沉蕭索的二月，疾病封閉我的眼睛和耳朵，再次將我拋進一個新生嬰兒般的無意識狀態。家人們把這種病叫做胃和腦的急性阻塞症。醫生認為我活不了了，然而造化弄人，就在某天早晨，我身上的燒突然退了，就像它到來的時候那樣神秘莫測。那天早晨，家中充滿喜悅祥和的氣氛，但是連同醫生在內，家人們都不知道我已經失去視覺和聽覺。

時至今日，我仍舊可以回憶起當時罹患疾病時的場景。我特別記得的是母親對我的精心呵護，她在我連續幾個小時的焦躁和疼痛之中努力安撫我。我會在睡覺過程中驚悸著醒來，隨之而來的是巨大的痛楚和迷惑，我試圖轉動眼睛，然而它是如此地乾澀灼熱；我把頭扭向牆壁，因為那裡曾經有迷人的亮光，但是我只能看到暗淡模糊的一片，而且每天都在變暗。除了這些短暫的記憶，也就不曾剩下其他的東西。

事實上，這些回憶如夢似幻，也不清楚。逐漸地，我變得習慣於被寂靜和黑暗圍裹，當時的我也沒有意識到自己的這種生活與別人有什麼不同，直到那一天——蘇利文老師到來的那一天，她引導我進入精神自由的境界。

總之，在我生命的最初十九個月中，我曾經對這個世界驚鴻一瞥，記憶裡那些廣袤的田野、明媚的天空、高大的樹木、芬香的花叢，是在隨後而來的黑暗永遠無法抹掉的。就像那句話所說：「如果那一天屬於我們，那一天展示的一切都屬於我們。」

—第2章—

兒時記憶

童年的許多事情都被我牢牢地記在心裡，雖然它們零零落落，彼此互不相干，但是它們是如此清晰，宛如歷歷在目，它們加深我對沉寂、無助、迷惘生活的思考。

在生病的第一個月裡發生的事情，我已經不記得了。我只知道，我曾經坐在母親的腿上，或是在她做家事的時候，緊緊地依附在她的衣服上。我的雙手可以感知每種物體的形狀，也可以「觀察」每個移動的物體，這樣一來，我瞭解了許多事情。

後來，我想要與別人進行交流，就開始做一些簡單的動作，例如：用搖頭表示「不行」，用點頭表示「可以」；往回拉的動作表示「回來」，向外推的動作表示「去」。我想要吃麵包的時候，就會做出切麵包以及塗抹奶油的動作；我想要讓母親在晚飯時做一點冰淇淋的時候，就會做出攪動和渾身顫抖的動作，這樣表示「涼」。

我的母親也成功地讓我瞭解很多事情。她想要讓我為她拿東西的時候，我立刻就可以理解，我會跑到樓上拿東西，或是去她告訴我的其他任何地方。在如同黑夜的孤寂生活中，我要感謝母親，是她用自己充滿智慧的無私之愛，幫我趕走生命中的黑暗，讓我感受到生活的溫暖美妙。

在我逐漸明白自己未來面臨的巨大考驗時，我開始適應這種生活。五歲的時候，我學會了把乾淨的衣服疊好並且收起來，而且在洗衣房送來的衣物中，我會辨別出哪些是自己的衣服。透過這種方式，我也順便知道母親和姨媽會在什麼時候外出，我總是懇求她們帶我一起去。客人來家裡做客的時候，我會上前打招呼；客人離開的時候，我會朝他們揮手道別。

有一次，一些紳士邀請我的母親外出，我感覺到大門關閉時的震動和他們離去的聲音。突然有一個念頭出現在我的腦海裡，我快速跑上樓，穿上外出時才會穿的禮服，然後站在鏡子前，學著其他人的樣子往自己的頭上抹油，往自己的臉上塗粉。一切「打理」好以後，我在頭上別了一塊面紗，於是我的臉和肩膀都埋進面紗的褶皺裡。我還不忘在腰間繫上一個碩大的蝴蝶結，蝴蝶結懸垂在身後，幾乎碰到裙角。帶著這身打扮，我走下樓去，家人們看了都哈哈大笑。

我已經回憶不起來，第一次意識到自己與別人不同的時候是什麼感受和什麼時候，但有一點是明確的，就是在蘇利文老師到來之前，我已經知道自己與眾不同。我注意到我的母親和我的朋友們都不像我這樣，她們在做事的時候不會使用手勢，而是用嘴交談就可以了。有時候，我會站在兩個談話的大人之間，用手去摸他們的嘴唇。我無法理解，而且懊惱異常。於是，我試著動動自己的嘴唇，並且努力模仿，但都是徒勞。於是我發怒，又踢又叫，直至渾身一點力氣也沒有了，才停止胡鬧。

那個時候，我知道自己十分乖戾頑皮，我記得我傷害過我的保姆艾拉，我曾經踢過她。狂暴過後，我就會生出幾分懊悔，但是我不記得這種歉疚感有沒有讓我的胡鬧收斂一些。

我有兩個忠實的夥伴與我從小一起長大，一個是每天打扮得花枝招展的女孩瑪莎・華盛頓，她是我家廚師的孩子；還有一個是貝拉，牠是一隻非常出色的老獵犬。瑪莎・華盛頓可以看懂我的手勢，所以與她交流，我很少遇到困難，她總是會聽命於我。在她的面前發號施令，讓我感到高興。在一般情況下，她總是遷就我的蠻橫和專制，而且不會冒險與我正面衝突。我感受著自己的強大，而且不在意後果如何。

我十分清楚自己的念頭有多麼讓人操心，但我總是一意孤行，甚至會用牙齒和指甲作為威脅，以此來滿足自己的要求。我們把許多時間花在廚房裡，我們揉麵團，做冰淇淋，研磨咖啡豆，烤製蛋糕，以及向聚集在廚房台階上的母雞和火雞餵食。這都是一些十分溫順的家禽，牠們在我的手裡吃食，讓我感受到牠們熱烘烘的氣息。

有一次，一隻碩大的雄火雞從我的手裡叼走一個番茄，然後迅速跑掉了。受到這隻火雞的啟發，我們跑到廚房偷來一個蛋糕，廚師剛在上面撒了一層糖霜，我們拿著蛋糕躲到柴堆旁，把蛋糕一點一點地吃掉了。但是沒想到卻因此吃壞了肚子，生了一場大病，我不知道那隻奪走我番茄的火雞是不是也受到同樣的報應。

珍珠雞的愛好是把巢藏匿在偏僻角落裡，童年時期的我最大快樂之一就是搜尋草窩裡的雞蛋。我想要找雞蛋的時候，因為無法直接對瑪莎・華盛頓說，我就會握起拳頭，再把它們放在草地上，表示有什麼東西在草地上滾動，瑪莎總是可以瞭解我的意圖。如果運氣好，我們就會找到一個雞窩，可是我從來不會讓瑪莎把雞蛋帶回家，我會要她把雞蛋扔在地上摔碎。

除此之外，還有像穀倉和馬廄以及每天早晚替乳牛擠奶的庭院，都是我和瑪莎每天最喜歡待的地方。擠奶工替乳牛擠奶的時候，會讓我把雙手放在牛的身上。為了滿足自己的好奇心，我經常對乳牛又擰又掐，以便讓自己有更深刻的感受。

在為聖誕節做準備的時候，我非常高興。雖然我不知道大人們在準備一個什麼樣的節慶，但是那些洋溢在我房間裡的香味讓我非常陶醉，花樣繁多的美食也會讓我和瑪莎・華盛頓安靜下來。我們也會有不順心的時候，但是這絲毫不妨礙我們享受節日的快樂。大人們會允許我們幫他們研磨香料，挑撿葡萄乾，或是用勺子攪拌餡料。我也像其他人那樣，把自己的長襪掛起來，雖然那個時候還沒有人向我說過聖誕老人的故事，我不知道為什麼要這麼做，可是這種儀式仍然讓我興味盎然，因為一覺醒來，我就可以在襪子裡找到心愛的禮物。

瑪莎・華盛頓與我有同樣的愛好，就是喜歡惡作劇。一年七月的炎熱午後，有兩個小孩坐在走廊的台階上，一個是黑人女孩，梳著一束束俏皮地像螺絲錐一樣的頭髮；另一個是白人女孩，有一頭長長的金色捲髮。黑人女孩六歲左右，白人女孩只有兩三歲。那個年幼的孩子是一個盲童——這個孩子就是我，另一個黑人女孩就是瑪莎・華盛頓。當時，我們正在埋頭剪紙娃娃，可是沒過多久我們就厭倦這個遊戲，於是我們又開始剪樹葉，我們把可以拾到的金銀花葉子都剪下來。接著，我開始把注意力轉到瑪莎像螺絲錐的頭髮上，起初她反對我打她頭髮的主意，但最終還是屈服了。就這樣，我們輪流玩起了這個遊戲。我抓過剪刀，剪掉她的一根辮子；她抓過剪刀，剪掉我的一束捲髮。我想，要不是母親發現得早，並且及時制止我們的遊戲，我的頭髮一定都被剪光了。

我的另一個玩伴貝拉，也就是我們家的那隻獵犬，又老又懶，喜歡在壁爐旁睡覺，不太願意與我玩耍。於是，我努力教牠我的「手語」，但牠總是反應遲鈍，心不在焉。有時候，牠會興奮得渾身顫抖，變得躍躍欲試，就像狗兒們將目標鎖定在一隻鳥身上的時候所做的那樣。我不知道貝拉為什麼會有如此表現，但是我知道牠沒有按照我的要求去做。這讓我十分懊惱，因此我的訓練課總是以對貝拉一頓亂捶作為結束。貝拉卻不以為然，爬起來伸懶腰，然後輕蔑地打一兩個響鼻，再跑到壁爐的另一邊躺下。為此，我覺得非常無可奈何，只能放下貝拉，再回去找瑪莎玩。

記得有一次，我在玩耍的時候不小心把圍裙弄濕了，於是我把圍裙鋪在客廳的壁爐邊烘烤。為了加快烘烤速度，我把它距離火源更近一些，結果正好碰到餘燼。圍裙一下子燒著了，火苗圍繞在我的身邊，甚至把我的衣服引燃了。我驚慌失措地吵鬧，驚動我的保姆維妮，她急忙跑過來救我，把一條毯子蓋在我的身上，我被憋得幾乎窒息。幸而火勢不大，最後她把火撲滅了，我除了雙手和頭髮被燒了一下之外，沒有嚴重的燒傷。

就在同一個時期，我發現自己會使用鑰匙。一天清晨，母親進去儲藏室拿東西，我把她鎖在裡面，母親不停地敲打房門，但是因為僕人們都出去工作了，所以沒有人可以幫她開門，母親被迫在裡面待了三個小時。我可以感覺到敲擊房門的震動聲，可是我卻坐在走廊的台階上咯咯地笑。這類讓人頭疼的惡作劇使我的父母意識到，我必須盡快接受教育。

記得在蘇利文老師到來以後，我找到一個機會把她鎖在自己的房間裡。當時，母親帶我上樓去見蘇利文老師，她想要讓我明白，她要把我交給老師。可是沒過多久，我砰地一下把門關上，而且還上鎖了。然後，我把鑰匙藏在走廊上的衣櫃裡，但是家人們沒有要我交出鑰匙。我的父親只是搬來一把梯子，把蘇利文老師從窗口接出來。這個惡作劇讓我興奮了很長時間，直到幾個月之後，我才把鑰匙交給父親。

五歲的時候，我們搬家了，從藤蘿覆蓋的房子搬到一個新蓋的房子裡。與我們一起住的還有我兩個同父異母的哥哥，以及後來出生的妹妹蜜德莉。我最早而且印象最深刻的關於父親的記憶，是我搖搖晃晃地穿過一堆報紙來到他的身邊，此時我會發現他總是獨自拿著一疊報紙擺在面前。我會感到極其迷惑，很想知道他在做什麼。我也會模仿他的動作，甚至戴上他的眼鏡，因為我想眼鏡或許可以幫我解開未知的秘密。但是很多年之後，我依舊沒有解開這個秘密。直到後來，我終於瞭解到那些報紙的由來——我的父親是做文字校對工作的。

我的父親是很顧家的那種男人，除非到了狩獵季節，否則他很少離開我們。他是一個出色的獵人，練得一手好槍法。除了在家之外，他最愛的是他的狗和獵槍。此外，他還是一個極其好客的人，這幾乎成為他的一個性格弱點，他很少有不帶客人回家的時候。他最引以為傲的地方就是我們家的花園，據說他培育的西瓜和草莓是全郡最好的，我記得他總是把最先成熟的葡萄給我吃，還為我精心挑選各類不同的漿果。他用溫熱的手，充滿慈愛地拉著我在果樹和藤蘿之間漫步，他的積極樂觀讓我的童年時期溫暖快樂。

父親是一個很會說故事的人，在我掌握語言以後，他經常會笨拙地在我的手上拼寫字詞，並且以此來講述他的那些奇聞逸事。在「說完」故事以後，他會讓我立刻「複述」出來，我「複述」出來之後，他會特別高興。

一八九六年，這是我一生之中最難忘懷的一年，當時我住在北方，愜意地享受夏日最後的時光，就是在那個時候，我聽到父親的死訊。他死於一次突發疾病，經歷短暫的痛苦以後，他就這麼離去了。父親的死亡，使我第一次知道什麼是悲痛欲絕，也使我第一次對死亡產生瞭解。

描述完父親，我應該如何來描述我的母親？她距離我是那麼近，我很愛她，對我來說，用語言來描述她甚至是近乎失禮的舉動。

很長一段時間，我把我的妹妹視為一個入侵者。當時，我知道自己已經不再是母親唯一的寶貝，我的心裡充滿了嫉妒。妹妹總是坐在母親的膝蓋上，那裡原本是我坐的位置，現在卻成為她的專屬，她受到所有人的關愛。

有一天，發生一件不愉快的事情，那件事情使我覺得受到莫大的侮辱。那個時候，有一個洋娃娃被我整日抱在手裡，我還為它取名叫南茜。我有會說話的洋娃娃，也有會哭和會眨眼睛的洋娃娃，但是我從來不會像愛我的破南茜那樣愛它們。但是我對南茜也不是一直那麼好，實際上很多時候，這個洋娃娃會變成我發脾氣的犧牲品，所以它總是一副破衣爛衫的樣子。

南茜有一個搖籃，我經常花費一個小時甚至更多的時間，把它放在搖籃裡搖動，無比關切地守護南茜和它的搖籃。但是有一次，我發現我的妹妹安靜地躺在搖籃裡熟睡。現在只能做出這樣的推測，那個時候沒有愛和親情的紐帶可以束縛住我的憤怒。於是，我衝過去把搖籃弄翻，要不是母親上前抓住她，妹妹也許會摔死，更清楚地說，會被我殺死。所以說，我們行走在讓自己深感孤獨的幽谷之中，才會更深刻地感受到充滿關愛的言行以及友情帶給我們的感動。後來，我重新恢復人類友善的本性以後，我和蜜德莉已經成為彼此交心的姐妹。無論遇到什麼樣的艱辛險阻，我們都願意拉著手，面對遇到的所有困難，即使她不明白我的手語，我也不明白她那些充滿童真童趣的語言。

一第3章一

燃起希望

我越來越大，越來越渴望向周遭的人表達自己的意願，我使用的幾個簡單手勢已經不夠用了，每當我無法表明自己的意圖，我就會氣急敗壞。我感到似乎有一雙看不見的手正在抓著我，我拼命地想要掙脫束縛。我努力抗爭，事實上不全是為了解決問題，更多的是想要為自己內心深處強烈的反抗精神尋找出路。我通常會哭鬧不止，無論身心已經疲憊不堪。如果母親正好在身邊，我會悄悄鑽進她的懷裡。我傷心至極，以至於忘記憤怒的原因。後來，這種壞情緒每天都會爆發，甚至每個小時都會爆發，可見交流對我而言是多麼迫切。

因此，我的父母深深陷入痛苦之中。當時，我們家附近沒有任何一所盲人或是聾啞學校，它們都在很遠的地方，而且似乎不會有任何人會來到像塔斯坎比亞這種偏僻的地方，就為了教一個又聾又盲的任性小孩。事實上，我的朋友和親屬們曾經懷疑我是否可以接受教育。我母親唯一的希望來自狄更斯的《美國紀行》，她曾經讀過他寫的《勞拉・布里奇曼的故事》，而且她隱約記得那個女孩也是又聾又盲，然而卻接受正規教育。但是她也感到希望渺茫，因為豪博士，也就是那個探索傳授聾盲人士知識的先驅，已經去世很多年了。他的教育方法也許會隨著他的去世而消失，如果事實真的是這樣，像我這個住在阿拉巴馬偏遠小鎮的聾啞女孩怎麼可能受到教育？

在我六歲的時候，我的父親聽說在巴爾的摩有一位著名的眼科醫生成功地醫治許多罹患嚴重眼疾的病人。於是，我的父母決定帶我去巴爾的摩碰碰運氣。

我依然十分清晰地記得，那是一次非常愉快的旅行。在火車上，我接觸到許多不同的人，並且與他們其中的絕大部分成為朋友。有一位女士送給我一盒貝殼，我的父親在上面鑽出孔洞，這樣我就可以把貝殼串在一起，很長時間我沉醉其中，樂此不疲。列車長也是一個友善的人，他在車廂裡四處走動為乘客檢票打孔的時候，我經常會抓著他的衣擺玩。他還讓我玩他的打孔機，要知道，打孔機對小孩子來說，是一件多麼神奇有趣的玩具啊！我會蜷縮在座位的角落裡幾個小時，在許多片紙板上打洞，玩得不亦樂乎。

姑媽用毛巾為我做了一個布娃娃，這個布娃娃滑稽而奇怪，可能是因為縫製的時間過於倉促，布娃娃沒有鼻子、嘴巴、耳朵、眼睛，憑藉一個孩子如何想像，也無法拼湊出布娃娃的整張臉孔。我雖然完全不在乎布娃娃頭上的其他器官，但覺得眼睛還是應該要有的，事實上還是布娃娃眼睛的缺陷深深地觸動我。我固執地向家人們指出我的發現，可是似乎沒有一個人可以為布娃娃添加一雙眼睛。然而，由於我的靈機一動，難題終於得到解決。我翻下座位開始摸索，直到發現姑媽的披肩，姑媽的披肩上裝飾著許多珠子。我扯下來兩顆珠子，示意姑媽幫我把它縫到布娃娃的身上。姑媽猜到我的意思，把我的手放在她的眼睛上，問我是不是這樣，我使勁地點頭。結果，珠子被姑媽縫到適當的位置，我高興極了，拿著它一直搖晃，可是很快我就失去對布娃娃的興趣，又把它丟到一邊。這次旅途，是我保持不發脾氣的最長時間，因為這段期間遇到許多事情，讓我的頭腦和手指忙於應付，所以我也「無暇他顧」。

我們終於到達巴爾的摩，見到齊森姆醫生，他十分熱情地接待我們，但是他沒有對我做任何治療。他對父親說，我現在更應該接受教育而不是做治療，他建議父親向華盛頓的亞歷山大・葛拉漢・貝爾博士進行諮詢，因為貝爾博士可以告訴我們關於聾啞和盲童學校的師資情況。按照醫生的建議，我們立刻前往華盛頓去見貝爾博士。我的父親疑慮重重，感到前途未卜，但是我完全沒有意識到他的痛苦，只是覺得在路途之間的往來其樂無窮。當時，貝爾博士已經功成名就，深受世人的敬仰。他看見我以後，就把我抱到他的膝蓋上，雖然我只是一個小孩子，但是我立刻感受到貝爾博士的善良，以及他對我產生的強烈同情心。我對他的懷錶產生興趣，為了讓我明白，他不停地敲打懷錶。他理解我的手勢，就憑這一點，我立刻喜歡上他。當時的我不知道，這次會晤為我今後的人生打開一扇門，一扇讓我從黑暗走向光明的門，從孤獨走向友善和關心的神秘未知之門。

貝爾博士建議我的父親寫一封信給波士頓帕金斯盲人學院的院長阿納諾斯先生，他是豪博士偉大事業的繼承人，希望阿納諾斯先生可以幫忙請一位可以教我的老師。我的父親立刻寫信給他，幾個星期以後，阿納諾斯先生回覆一封熱情洋溢的信，他要我們放心，已經為我們找到一位老師。當時是一八八六年的夏天，來年三月蘇利文老師就來了。

美國《時代週刊》評選爲
20世紀十大英雄偶像之一！

就這樣，我走出埃及，站在西奈山前。一股神聖的力量觸摸我的靈魂，它不僅帶給我光明，還讓我「看」到許多奇蹟。我似乎聽到那個來自聖山的聲音：「知識就是博愛，就是光明，就是智慧。」

一第4章一

蘇利文老師的到來

在我的生命裡，我的老師，安妮・曼斯菲爾德・蘇利文來到我家的那天，最讓我刻骨銘心。回想此前此後兩種截然不同的生活，我不得不感慨萬千。我清晰地記得，那天是一八八七年三月三日，三個月以後，我就滿七歲了。

那一天的下午，我站在門廊裡，似乎冥冥之中就知道有什麼事情要發生。我看到人們在房間裡忙前忙後，母親打著各種忙亂的手勢，我安靜地走出房門在台階上坐著。午後的陽光穿透門廊上茂密的金銀花藤，溫暖地灑落在我仰起的臉上。我的手指不由自主地游移在那些熟悉的葉片和花蕾之間，初生的枝蔓似乎也匆忙地向南方的春日致意。我不知道我的未來將會發生什麼，這樣懊惱和苦悶的感覺折磨我幾個星期，深深的無助感包圍著我。

你有沒有夢到過濃霧籠罩的海面？一團白色的霧靄將你的視線徹底封閉，你乘坐的那艘大船，毫無把握地摸索前行，它一邊走，一邊用鉛錘和測深繩尋找靠岸的航道。你呢？就帶著怦怦的心跳，等待未知事物的發生？在接受正式教育之前，我就像那艘漂蕩在迷霧中的船，只是我沒有指南針和測深繩，無從知曉港口的遠近。「光！給我光明！」這是發自我的靈魂深處無言的吶喊，每時每刻，我都在期盼自己可以沐浴在愛的光明之中。

蘇利文老師來了，我感覺到她走近的腳步聲，我伸出手，就像迎接母親那樣。有一個人抓住我的手，我被她緊緊地抱在懷中，她就是來向我揭示萬事萬物的人。但更重要的是：她用愛緊緊包圍住我。

次日早晨，蘇利文老師帶我來到她的房間，還給我一個布娃娃。這個布娃娃很有紀念意義，是帕金斯盲人學院的一個名叫勞拉・布里奇曼的盲童送給蘇利文老師的，她還為布娃娃做衣服，我也是後來才知道布娃娃的來歷。當時，我玩了一會兒手上的布娃娃，蘇利文老師慢慢地在我的手上拼寫「doll」（娃娃）這個單字。我立刻對這種手指遊戲產生興趣，並且努力模仿。最終，我正確地拼寫出單字，我難以抑制自己的快樂和自豪。後來，我跑到樓下母親的身旁，我舉起手，然後在上面拼寫出「doll」這個單字。

當時，我不知道自己拼寫的是一個單字，甚至不知道世界上有單字這種東西存在，我只是調皮地用手指加以模仿而已。事實上，我是在和老師待了幾個星期以後，才知道原來每件東西都有一個名字。在接下來的幾天裡，我懵懵懂懂地學會了很多單字，例如像「pin，hat，cup」（別針、帽子、杯子）這樣的名詞，還有一些像「sit，stand，walk」（坐，站，走）這樣的動詞。

有一天，我正在和我的新布娃娃玩，蘇利文老師把我從前的那個大破娃娃放在我的膝蓋上，她教我拼寫「doll」，並且試圖讓我瞭解，這兩個娃娃都叫做「doll」。

還有一次，我們在單字「mug」和「water」之間爭得不可開交。蘇利文老師向我解釋「水杯」是「水杯」，「水」是「水」，是兩種不同的東西，可是我很固執，總是把兩種東西混為一談。蘇利文老師感到十分無奈，但她還是不厭其煩地從頭開始教我。我對她翻來覆去的重複教學法不耐煩，於是我抓起新娃娃，把它猛地摔在地上。我感覺到那個娃娃在我的腳下四分五裂，覺得心裡十分痛快，既不悲傷，也不愧疚，我的情緒就那樣爆發了，我不再愛那個娃娃。顯然，在我生活的寂靜黑暗的世界裡，沒有強烈的柔情和關愛。我感覺到蘇利文老師把娃娃的殘肢掃到壁爐旁邊，我的不愉快消除了，感到心滿意足。後來，蘇利文老師把帽子拿來為我戴上，我知道我要去外面曬太陽了，這讓我感到非常歡欣鼓舞。

我們往房子的方向走，路上金銀花的芬芳讓人心曠神怡。路邊有人打水，蘇利文老師把我的手放在水管邊上。一股清冽的水流噴湧到我的一隻手上的時候，她在我的另一隻手上拼寫「water」這個單字，起初是慢慢地，後來變得飛快。驀然之間，我感覺到一種沉睡意識的回歸和覺醒，這是一種被遺忘的朦朧意識，那個遠離我的神秘語言世界展現在我的面前。於是，我知道「water」的意思是奇妙而涼爽的東西從我的手上流過。這個具有生命力的詞語喚醒我的靈魂，它帶給我光明、希望、歡樂，將我置於一個無限自由的空間！雖然感官的藩籬依然存在，但是藩籬必定會被及時地清理乾淨。

我離開了房子，極其渴望瞭解更廣闊的世界。對我來說，每一樣東西都是新的，我開始重新認識它們，並且記住它們的名字，我覺得每個名字都是一種新思想的誕生。我們回到家裡，我碰到的每個物體似乎都對我的生命產生觸動。這是因為我以一種陌生而新奇的眼光來看待這些東西。進門的時候，我想起那個被我摔壞的洋娃娃。我摸索著走到壁爐前，蹲在地上撿起洋娃娃的碎片。我想要把它們拼湊在一起，但這一切都是徒勞。有生以來，我第一次意識到自己的所作所為是多麼錯誤，我感到既懊悔又傷心，眼裡噙滿了淚水。

那天，我又學習很多新的詞彙。雖然已經不記得了，但是有幾個詞語，我永遠不會忘記，那就是：母親、父親、姐妹、老師，這些詞語把我帶進一個繽紛的世界，「就像亞倫的魔杖，一揮之下，遍生花叢」。不妨說，你很難找到一個像我這般快樂的孩子。夜晚，我躺在自己的兒童床裡，興奮不已，開始迫不及待地期盼明天的到來。

一第5章一

與大自然親密接觸

一八八七年的夏天發生很多事情，這些事情激發我靈魂的覺醒。那個時候我開始明白，雖然現在我無法做什麼，可是我可以用自己的雙手去探索，去認識我觸摸到的每個物體。我摸到的東西越多，瞭解這些東西的名稱和用途越廣，我對自己與世界血脈相連的感受就會越強烈，我的自信和快樂也隨之越來越多。

雛菊和毛茛大肆開放的時候，蘇利文老師牽著我的手穿過田野，農民們正在沿著田納西河的兩岸做著播種的準備。我們坐在溫暖的草地上，感受到大自然對人類的饋贈是多麼的溫暖。我知道陽光和雨水如何滋潤土地上的每棵樹木，使它們長勢繁茂，開花結果。我還知道鳥兒們如何搭建巢穴，如何遷徙生存；松鼠、鹿、獅子和各種動物如何覓食逃生。隨著知識的增長，我對自己生存的這個世界越來越感興趣。很早以前，我就學會了做算術題，或是描述大地的輪廓。蘇利文老師教我學會了發現之美，在芬芳林木的擁抱中，在每一片草葉上，在我妹妹綿柔蜷曲的小手上，我找到了美。她讓我感受到

假如給我
三天的光明

「鳥兒和花朵都是我快樂的同伴」，讓我把人生最初的思想與大自然緊密連接在一起。

然而，大自然卻不總是帶給我們溫暖和快樂。有一次，天氣很好，我和蘇利文老師散步到很遠的地方，但是返回的時候天氣變得燥熱難耐。有兩三次，我們停在路邊的大樹下歇息。最後，我們來到離家不遠的一棵野生櫻桃樹下。樹蔭下涼爽宜人，那棵樹也很容易攀爬，在蘇利文老師的幫助下，我爬到樹上騎在枝椏之間。坐在樹枝之間的感覺妙不可言，於是我們打算在這裡吃午餐。她讓我坐在樹杈上，乖乖不動，等她去家裡拿午餐回來。

誰知道天有不測風雲，我突然感覺到周圍有一種說不出的變化，樹枝交錯之間，光和熱一掃而散，我知道天色變黑了。接著，地上也泛起一股奇怪的味道，這是在雷雨到來之前，我總會聞到的味道。一種難以名狀的恐懼攫住我的心，我感到徹底地孤立無助，某種力量切斷我與朋友和堅實大地的聯繫。浩瀚未知的氣氛將我緊緊地圍裹，一陣驚駭感襲遍我的全身。我坐在樹枝上一動也不敢動，翹首企盼蘇利文老師及早歸來。

接著，是片刻的寧靜，但這似乎是波折以前的片刻寧靜，讓人產生不安的感覺。隨後，周圍的樹葉大肆抖動起來，我身體下的櫻桃樹發出一陣震顫，如果不是我用盡力氣抱住樹幹，迎面而來的一股狂風就會把我掀到地上。樹搖晃得很厲害，在風雨的裹挾下，我身邊的樹枝劈啪作響，似乎在嘲笑我的渺小。一陣狂暴的悸動攫住我，恐懼感讓我難以自抑。我全身蜷縮在樹杈之間，緊緊抱住樹幹，任憑枝葉在我的身上鞭打。

我斷斷續續地感覺到身邊強烈的震動，彷彿有某種重物墜落。震顫在頭頂上劃過，一直傳到我身體下的樹杈上。我的不安已經到達極限，害怕大樹會因為抵擋不住風雨的襲擊而轟然倒地，到時我就會和大樹一起倒下。幸好蘇利文老師及時抓住我的手，把我從樹上弄下來。我緊緊地依附在老師的身邊，高興得渾身顫抖，我又一次感受到腳下堅實的土地。我想，我已經學會了新的一課，我明白大自然時常會向它的子民突然而公然地發起戰爭，在它溫柔的外表下，藏著一雙鋒利的爪子，向人們發出出其不意的攻擊。

因為這件事情給我帶來的恐懼感，使我很長一段時間不敢再爬樹。但是這種想法沒有維持多長時間，金合歡樹盛開的花朵和迷人的芬芳最終使我動搖了。

那是一個春天的早晨，我獨自在涼亭裡閱讀。逐漸地，我察覺到空氣中瀰漫著一股淡淡的香氣。於是，我立刻站起來，本能地伸出雙手，彷彿在探尋穿過涼亭的春天的氣息。「這是什麼東西？」我在心裡發出疑問。緊接著，我就認出這是金合歡花的氣味。我摸索著來到花園盡頭，我知道那棵金合歡樹就在籬笆附近小路的拐角處。在和煦的陽光下，金合歡樹輕輕搖曳，它綴滿花朵的枝椏幾乎垂到長長的草叢上。我驚歎世界上怎麼會有這麼精巧漂亮的花朵！即使是最輕微的觸動，它精緻的花瓣也會立刻回縮併攏，就像是一棵天堂之樹被移植到人間。

我撥開繁茂的花朵，走到巨大的樹幹下面，先是猶豫了一會兒，但是最終還是做出決定，我把雙腳放在樹杈之間的寬闊地帶，並且開始向上攀。保持攀登姿態相當吃力，因為樹幹非常粗大，樹皮還磨破我的雙手。可是我依然鬥志昂揚，沉浸在征服困難的喜悅之中。我繼續往高處爬，在樹的高處竟然有一個凳子，可能是很久以前別人綁在那裡的，現在它已經和樹融為一體，成為樹的一部分。我坐在高高的樹杈之間幾個小時，感覺自己就像一個坐在七彩祥雲上的仙女一樣。我在這棵天堂之樹上自由暢想，做著一個又一個美妙的白日夢。

—第6章—

瞭解「愛」的意義

現在，我已經熟練地掌握學習語言的關鍵，接下來，我更多的是希望學以致用。對於正常的孩子來說，學習語言不是一件費勁的事情，他們很容易就可以從別人說出的詞彙中接觸和學習語言。但是對於一個聾啞小孩而言，掌握語言必須要經過一個緩慢而痛苦的學習過程。

逐漸地，我從只能說出一種物體的名字，一步一步地發展到可以在廣闊的語言領域裡自由馳騁的程度。從我第一次發出含糊不清、結結巴巴的音節，到我可以在莎士比亞絕美的詩行之間自由穿行，蘇利文老師拉著我的手在語言這條道路上，進行漫長的遠征。

剛開始的時候，蘇利文老師對我講述一件新事物，我只能「聽」著，單純地接受，幾乎問不出什麼問題。因為那個時候我的意識是模糊的，我的詞彙也是貧乏的，但是隨著接觸事物的增加，我學會的詞彙越來越多。我詢問的範圍變得寬廣了，我一次又一次地周旋於同一個主題，渴望深入瞭解這個事物，熟知它的各個方面。有時候，一個新的詞語會勾起我對之前經歷的一些記憶。

有一天早上發生的事情讓我記憶深刻，那是我第一次向蘇利文老師詢問「愛」這個單字的意義，這是我早就知道的一個單字，但是我卻無法深刻地理解它。

當時，我在花園裡發現幾株剛開花的紫羅蘭，於是我把花朵帶給蘇利文老師。蘇利文老師想要親吻我，表示她的欣喜之情。但是在那個時候，除了母親，我不喜歡被任何人親吻。於是，蘇利文老師用手臂輕輕地攬住我，在我的手上拼寫「我愛海倫」。

「愛是什麼？」我問她。

她把我拉到她的身邊，對我說：「愛就在這裡」，然後指著我的心，這是我生平第一次感受到心的跳動。但是我無法完全理解蘇利文老師的話，因為我那個時候還不能理解只能意會不能言傳的東西。

我聞著蘇利文老師手裡的紫羅蘭，一邊拼寫單字，一邊用手勢比劃，我想要問的問題是：「愛是這些可愛的花朵嗎？」

「不。」蘇利文老師回答。

於是，我再次揣摩這個單字，溫暖的陽光照在我和老師的身上。「這個是愛嗎？」我指著發出熱量的方向問老師，在我看來，世界上再也沒有什麼比太陽更美麗的東西，它發出的光和熱讓萬物生生不息。可是蘇利文老師仍然搖著頭，我陷入深深的困惑和失望之中。真是奇怪，為什麼她無法把「愛」展示給我看？讓我直接觸摸它，我就會明白啊！

在這之後的一兩天之後，我在房間裡玩珠子，我把大小不同的珠子均勻地串在一起，先串兩個大的，再串三個小的，以此類推。但我總是弄錯，蘇利文老師十分有耐心地把串錯的珠子全部指出來。終於，我注意到一個很明顯的次序錯誤，就在那個瞬間，我突然發現自己把注意力完全集中在手工課上，這種注意力到底是一種什麼樣的抽象概念，蘇利文老師摸著我的額頭，用力在我的手心拼下「think」這個單字。

剎那之間，我明白這個詞語就是我的頭腦運行過程的產物，這是我對一個抽象概念的初次認識。這之後的很長時間，我無法把心思放在腿上的珠子上。隨著新念頭的迸發，我試圖找到「愛」的含義。

當時，太陽已經被雲層遮蓋，隨後還下了一陣雨，可是頃刻之間，南方的太陽就噴薄出它特有的光芒。

我又一次問蘇利文老師：「這個是愛嗎？」

蘇利文老師回答：「在太陽出來之前，愛有一點像天上的雲彩。」我還是無法理解。老師繼續解釋：「要知道，你無法觸摸到雲彩，可是你可以感知雨水的降落；你也知道，在經歷整天的酷熱以後，那些花兒和乾旱的土地是多麼渴望雨露的滋潤。雖然愛不是實體，你無法觸摸到愛，但是你可以感覺到它，就像雨水滋養萬物的美好，你可以感覺到這種美好。所以說，沒有愛，就沒有快樂。」真理之花在我的頭腦中驀然盛開，我突然發現自己的靈魂和其他人的靈魂之間，延伸出許多條看不見的連線。

第7章

感受知識的美好

從蘇利文老師教導我的第一天開始，她就像對待那些擁有聽力的孩子那樣與我說話，唯一的不同是，她不是直接說出來，而是在我的手上拼寫句子。我無法理解她給我的那些詞彙和成語，以至於無法進行對話的時候，我是多麼想要與蘇利文老師直接進行交談啊！

這樣糾結的情緒持續了幾年。對於那些失聰兒童來說，在日常交流中使用最簡單的成語和表達方式真是太困難了，你無法在短時間之內或是長達兩三年的時間裡掌握它們。那些擁有聽力的孩子可以從不斷的重複和模仿中學習這些語言。他們在家裡聽到大人們的交談，這些談話無形中刺激他們思維的發展，交談的話題也是他們感興趣的，因此無須刻意學習，他們自然地就會表達出自己的思想。這種天生地表達自己思想的方式，在失聰兒童那裡是行不通的。

除此之外，與別人交流對我來說是更大的問題，因為對於一個只是眼盲的人或是只是耳聾的人而言，掌握對話的技藝已經很困難了，對於那些既盲又聾的人而言，可謂是難上加難！他們無法辨別語氣的快慢、聲調的高低，也無法觀察說話者的臉部表情，通常一個眼神就可以展示出說話者的心思，但是這些訊息，聾盲人士是接收不到的。

蘇利文老師發現這一點，於是決定不讓我身體上的缺陷影響我的學習。她逐字逐句，反覆地教我，告訴我怎樣參與別人的對話。這實在是一個漫長而困難的過程，皇天不負苦心人，後來我終於可以與別人交談。又經過很長時間的學習，我可以掌握談話的內容，知道什麼時候應該說什麼樣的話。

在學習如何與別人交流之後，接下來我的學習重點是「閱讀」。每當我拼寫單字的時候，蘇利文老師會拿給我一些卡片，這些卡片上面印著凸起的字母。我學得很快，我知道每個詞語都代表一種物體、一種行為，或是一種特質。例如：「doll」、「is」、「on」、「bed」這幾個詞語，每個詞語都有其自身對應的物體和形式。我有一個拼寫板，最初，我可以在上面拼湊出一些短句。於是，我用「is on bed」表示把洋娃娃放在床上。在造句的同時，我也學會了句子的含義和正確的文法結構。當時，沒有什麼比這種造句遊戲更讓我開心的。我和老師每次都玩幾個小時，屋子裡的每一樣東西都被我們當作練習造句的道具。

逐漸地，我從認字卡片上的單字過渡到看書，我把自己當作一個「初級讀者」。我在書中瘋狂地搜尋那些我認識的單字，如果發現認識的單字，我高興得就像玩了一場捉迷藏遊戲。就這樣，我開始閱讀生涯。慢慢地，我開始讀一些系列故事，後來還可以把這些故事「複述」出來。

在蘇利文老師教導我的過程中，沒有讓我有系統地學習某些課程。所以，我滿懷熱忱地認真學習的時候，更像是在玩耍娛樂，也就是說，我是滿懷興趣去學習的。蘇利文老師會把教給我的每一樣東西用一個故事或是一首詩表達出來。不只是這樣，每當遇到讓人高興的事情，她都會仔細地說給我聽，她把自己也變成一個女孩。因此，我是幸運的，在學習的過程中，枯燥乏味的文法、艱澀的算術題、困難的名詞解釋讓許多孩子產生畏懼心理，但是卻沒有對我造成影響，不僅如此，這些都成為我最珍惜的回憶。

蘇利文老師為什麼可以給予我這樣超出常人的關愛之心，我無法做出解釋，我只能感謝上帝讓蘇利文老師來到我的身邊，教導我，愛護我。除了愛心以外，她還具有極其出色的描述能力，可以迅速地掠過那些乏味的細節，而且從來不會嘮叨地問我前天學習哪些東西之類的問題。她總是可以把枯燥的科學原理解釋得無比生動，讓我去理解而不是硬性接受。

我們閱讀和學習的地點通常在戶外，沐浴在陽光搖曳的樹林中，而不是陰暗的房子裡，這樣的氛圍更有助於我的學習。空氣中瀰漫著松針的清香，還夾雜著野葡萄的果香。我們愜意地坐在野生鬱金香樹的樹蔭下，在這段期間，我學會了思考。對於一個學生而言，我認為每件事物都是一堂課，都有一種裨益。可以說，萬事萬物都讓我領悟到它們的魅力和功用。

事實上，所有可以嗡嗡鳴叫或是默默開花的東西，都是我學習的對象。我把聒噪的青蛙、螽斯、蟋蟀抓在手裡，去感受它們。昆蟲振翅鳴叫，毛茸茸的小雞和野花在手指之間劃過，野花競相綻放，草地上的紫羅蘭和發芽的果樹散發著芳香，我已經與大自然融為一體。我可以感覺到棉莢是綻開的，因為我可以用手指觸摸它覆有絨毛的種子和柔軟的纖維，我感覺到微風吹過玉米稈的沙沙低鳴，還有我的小馬打響鼻的氣息，這隻小馬是我們在牧場裡抓到的，我們還替牠戴上一個馬銜，雖然已經過了這麼多年，但是直到現在，我依舊清楚地記得小馬駒呼出的那種濃濃的三葉草味道，只要閉上眼睛就可以聞到。

有時候，我會在天濛濛亮的時候偷偷爬起來，溜到花園裡。那個時候的草叢和花朵上綴滿露水，很少有人可以體會到把玫瑰花輕輕捧在手裡的快感，也很少有人可以見到百合花在清晨的微風中搖曳的倩影。我偶爾會在採花的時候抓到一隻昆蟲，我可以感受到它因為驚恐而摩擦翅膀的微弱震顫。從這之中，我感受到這麼微小的生物也會有自己的意識，也會對突然而來的外力迅速做出反應。

果園是我的另一個天堂，七月初，那裡的果實就成熟了。覆蓋著絨毛，碩大飽滿的桃子低低壓在枝條上，我觸手可得。和煦的微風穿過樹叢，蘋果在我的腳下滾來滾去。哦，把果實收集到圍裙裡的感覺真是妙不可言。我把臉貼在光滑溫熱的蘋果上，感受著太陽的餘溫。滿載而歸的時候，我會蹦蹦跳跳地離開。

田納西河邊的「老凱勒碼頭」是我和蘇利文老師散步的時候最喜歡去的地方，這是南北戰爭期間運輸軍隊的專用碼頭，但是現在已經是一個破敗不堪的木製碼頭。我們在這裡學習地理知識，度過一段讓人回味的美好時光。

我用小石頭搭建水壩，建造島嶼和湖泊，還挖掘河床，這一切都是為了好玩，我從來沒有感覺到自己是在上課。我只是滿懷著強烈的好奇心和求知欲，「聽」蘇利文老師描述世界的震撼動人，燃燒的山脈、被埋葬的城市、移動的冰河——這些奇妙的自然現象，讓我癡迷不已。蘇利文老師會用黏土製作立體地圖，這樣我就可以感覺到山脊和峽谷的形態，我的手指也會觸摸到河流曲折的流向，我喜歡這種生動的講解。但是在把地球劃分成地帶和極點這個部分上，我始終有些糊塗。蘇利文老師為了更具體地向我描述這一切，就用許多細線表示緯線，用一根樹枝代表貫穿南北極的地軸，她做得很逼真，讓我記憶深刻。即使到了今天，人們在談論地球氣候帶的時候，我的腦海中仍然會出現許多圓圈。說來可笑，如果有人騙我說白熊會順著那根柱子（地軸）爬上北極，我想我應該會信以為真。

算術是我唯一不喜歡學習的課程。從一開始，我就顯示出對與數字有關的科學不感興趣的天性。蘇利文老師試圖用串珠子的方式教我計算，甚至用排列麥稈教我學習加法和減法。但我還是很沒有耐心，每次最多排列五六組而已。每次勉強完成課業以後，我的心思就會立刻飄到其他地方，或是跑出去尋找我的玩伴。

我還以同樣輕鬆悠閒的學習方式，學習關於植物學和動物學的知識。以前我遇到過一位彬彬有禮的男士，我已經忘記他的名字，但是他留給我的東西，我卻一直珍藏。

那是一套化石收藏標本——微小的軟體殼類動物形成精美的印痕，一些砂岩上突顯出飛鳥的爪子，可愛的蕨類植物也在石頭上呈現出淺淺的浮雕。對我而言，這些知識猶如開啟上古世界寶藏的鑰匙。我一邊用顫抖的手指輕撫這些印痕，一邊「聽」蘇利文老師講述印痕主人的故事。這些凶殘叫不出名字的野獸，曾經穿梭在廣袤的原始森林裡，牠們折斷巨樹的枝椏用來果腹，最終在一個古老的未知年代，這些野獸消失在昏暗的沼澤之中。那個時候，這些古怪的生物經常縈繞在我的夢境裡。但是現在，我的生活裡充滿溫暖的陽光和盛開的花朵，以及小馬駒的蹄子發出輕柔而有節奏的節拍聲，因為這樣快樂的生活充斥著我的生命，所以這段讓人恐懼的記憶已經變成深埋心中的前塵往事，不再影響我的生活。

還有一次，別人給我一個漂亮的鸚鵡螺殼，當時作為一個孩童的我十分驚喜，我很好奇一個微小的軟體動物如何棲息於色彩如此斑斕的安身之所，蘇利文老師告訴我牠們在晚上活動的情形，因此我知道在不會有風捲起波浪的靜謐夜間，鸚鵡螺會搭載在「珍珠船」下，航行在印度洋的藍色海面上。我學習很多關於海洋生物習性的知識，這些知識趣味無窮，例如：在湧動的波浪之中，微小的珊瑚蟲如何在太平洋上建造美麗的珊瑚島；有孔蟲類又是如何形成陸地上的石灰岩山體。

蘇利文老師為我讀《背著房間的鸚鵡螺》，並且教導我可以把軟體動物外殼的形成過程，視為一種心智發展的象徵。鸚鵡螺身上的殼是牠從海水中吸收的物質轉化而成，牠把外界有用的物質轉化成自己身體的一部分，這是一個很神奇的過程，人類汲取知識也是同樣的道理，我們把學習到的知識轉化成「思想的珍珠」，直至變成我們自身的一部分。

這樣的學習經歷還有很多，例如：植物的生長過程就是我的「課本」。蘇利文老師為我買來一盆百合花，把它放在陽光通透的窗台上。沒過多久，就有嫩綠挺拔的花蕾顯露出來。剛開始的時候，纖巧得如同手指一樣粗細的葉子慢慢向外張開。我想，它可能不太情願向人們展示其內在的魅力。接著，它再次啟動盛開的過程，這個過程顯得迅速而有條不紊。而且，總是有一個花蕾鶴立雞群，比其他的花蕾更大更漂亮，其他的花蕾沒有嫉妒它，不僅如此，它們還將這個最出眾的花蕾推到舞台上，讓它變成真正的「百合花女王」，慢慢地，花蕾一個接著一個地盛開，它們紛紛摘下綠色的頭巾，整盆百合花變成一個爭奇鬥豔、芬芳四溢的世界。

有一天，在擺放各類花草的窗戶邊，不知道是誰放了一個球形玻璃魚缸，魚缸裡還有十一隻蝌蚪。當時，我對這些蝌蚪有強烈的好奇心。我把手伸進魚缸裡，讓蝌蚪在手指之間穿梭游動，這種感覺讓我興奮不已。有一次，這些蝌蚪裡有一隻充滿雄心的傢伙蹦出魚缸，落到地上。等到我發現的時候，牠已經半死不活了，唯一的生命跡象就是牠輕輕蠕動的尾巴。但是我很快把牠放回魚缸，於是這隻蝌蚪立刻鑽進水底，歡快地在魚缸裡游來游去。雖然牠的任性一躍，差點讓自己喪命，但是這一躍也使牠看到更廣闊的世界。現在，牠已經得償所願，回到牠溫暖美麗的玻璃房子中，相信在旁邊燈籠海棠樹的庇護下，牠以後會長成一隻很威風的青蛙。到了那個時候，牠就可以自由地跳躍在花園裡長滿水草的池塘裡，並且在夏夜來臨的時候大展歌喉，吟唱愛的讚歌。我就是這樣逐漸瞭解生命的含義。

雖然每個老師都可以把一個孩子帶進課堂，但不是每個老師都可以讓他學到東西。孩子不會心甘情願地去學習，因此老師必須讓孩子感受到學會知識以後帶來的成就感，以及讓孩子明白不瞭解這些知識是多麼遺憾。只有這樣，孩子才會心甘情願地接受學習這件事情，勇敢地面對那些枯燥單調的書本。蘇利文老師就是這樣做，為我一點一點有條理地揭示這個世界的奧秘。正是她的到來，我的生命才會充滿愛和歡樂的氣息，才會變得不同凡響。她從來不放過任何一次向我展示萬物之美的機會，也從來不放棄努力。她讓我的生活變得充實，用思想和言行引導我做一個對社會有益的人。

蘇利文老師的聰明才智、強烈的同情心，以及她耐心地親手傳授，使我的早期教育變得如此豐富多彩。她總是可以抓住適當的時機，使我可以愉快地接受她傳授的知識。她知道，在接受教育的過程中，一個孩子的思想就像一條淺淺的小溪，這條浪花湧動的小溪歡快地流過石頭密布的河道，水面上通常會反射出一朵花、一棵小樹，或是一朵浮雲的倒影。她試圖引導我走的正是這樣一條道路——一條小溪應該被山川的溪流和地下的泉水哺育，直到它成為一條寬廣深遠的河流，這條河流因為水面平靜緩和，因此可以反射出旁邊連綿不絕的山脈，以及明媚的藍色天空，還有每個花朵呈現給世人的笑臉。

我和蘇利文老師是那麼親密無間，以至於我無法想像離開她會是什麼樣子。我是天生就具有沉醉於美好事物的本能，還是源於老師的引導？我從來都無法說清楚。我只是覺得，她與我是一個不可分割的整體，我的生命足跡也是她的生活軌跡。我生命中最精彩的樂章全部歸功於她，是她喚醒那些潛伏在我生命中的天賦、才能、興趣、志向，她讓我感受到生活的快樂。

—第8章—

聖誕節的驚喜

我們家的每個人都很重視蘇利文老師在塔斯坎比亞度過的第一個聖誕節。他們籌劃著給我一個驚喜，但他們想不到的是，我和蘇利文老師也籌劃著給他們一個驚喜。對於那些神秘的禮物，我的心裡充滿巨大的喜悅感和好奇心。我的朋友們極盡所能，透過各種暗示和故意拼寫一半的句子來吊我的胃口。我和蘇利文老師繼續玩猜謎遊戲，與課堂學習的知識相比，這種寓教於樂的方式讓我掌握更多的語言技巧。每天晚上，我們坐在燃燒的爐火旁玩猜謎遊戲，我的心情隨著聖誕節的日益臨近，變得越來越興奮。

聖誕前夜，塔斯坎比亞的學生們在教室中間豎起聖誕樹，邀請我去參加慶祝活動。美麗的聖誕樹在柔和的光線下，閃爍著晶瑩的微光，人們在它的枝椏上點綴上很多奇特的果實。這確實是一個普天同慶的歡樂時刻，我忘乎所以地繞著聖誕樹又蹦又跳。我得知每個孩子都會得到一件禮物的時候，我更高興了。那些裝飾聖誕樹的好心人允許我把禮物分發給其他孩子。在發放禮物的同時，我也忍不住在想著自己的那份，我激動得難以自抑，盼望聖誕節盡快到來，以便見到自己的禮物。我知道我的禮物不會是像朋友們暗示的那些東西，因為蘇利文老師之前偷偷告訴我，我得到的禮物比傳說中的東西更好。

聖誕之夜，我把自己的長襪掛在床頭上，久久不能入眠。我一邊裝作睡著的樣子，一邊保持警覺，因為我想要看看聖誕老人什麼時候會來。但是這樣的想法沒有堅持多久，過了一會兒，我就抱著我的新娃娃和小白熊睡著了。第二天早上，我是第一個起床去喚醒全家的人，並且祝福他們「聖誕節快樂」。

讓我驚訝不已的是，禮物不僅僅藏在襪子裡，桌子上、椅子上、門邊，還有窗台上都堆滿禮物。在薄紗紙包裝的聖誕節禮物堆中，我幾乎難以邁步。尤其是我發現蘇利文老師送給我的是一隻金絲雀的時候，簡直高興得手舞足蹈。

我給這隻金絲雀取名為「蒂姆」，小蒂姆是一隻非常溫順的鳥，牠會在我的手指上跳來跳去，還會從我的手裡叼櫻桃蜜餞吃。蘇利文老師教我怎樣照顧新寵物。每天早餐以後，我會幫小鳥洗澡，還會把牠的籠子打掃乾淨，再把牠的杯子裡添上新鮮的食物和清水，最後還要把一朵綻開的繁縷草懸掛在牠的鞦韆上。

一天清晨，我隨手把鳥籠放在靠窗的椅子上，然後去為我的蒂姆打洗澡水。就在我返回來開門的時候，我感覺到有一隻大貓從身邊溜過去。起初，我沒有意識到會出事，但是我把手伸進籠子裡的時候，已經摸不到蒂姆漂亮的翅膀，牠尖細的小爪子沒有像往常一樣握住我的手指。那一刻，我意識到從此我再也聽不到蒂姆明亮清脆的歌聲。

第9章

行走在波士頓

波士頓之旅是我生命中的另一件大事，那是一八八八年五月。當時的情景歷歷在目，彷彿就發生在昨天。與我兩年以前的巴爾的摩之行相比，這次旅行迥然不同。我不再是那個興奮好動到處玩樂，引得全車的人注意的女孩。這一次，我安靜地坐在蘇利文老師的身邊，聚精會神地「聽」她講述車窗外的風景：秀美的田納西河，廣袤的棉花田、群山和森林；月台上，一群有說有笑的黑人朝著乘客們揮手示意，從車窗送進來美味的糖果和爆米花。

我幫我的布娃娃南茜穿上新的花格子衣服，還幫它戴上花邊遮陽軟帽，並且幫它縫上兩個玻璃眼珠。現在，它就坐在我對面的座位上，我聽不太懂蘇利文老師描述的時候，我就會想起南茜。我會把它抱在懷裡，跟自己說南茜正在睡覺，這樣我就會變得很安靜，希望不要吵到它。

可是以後恐怕再也沒有機會提到南茜，因為它在到達波士頓之後簡直慘不忍睹。它滿身汙漬——大多是被我強迫餵食的「泥巴餡餅」的剩餘物——儘管它從未顯露出喜歡吃這種食物。帕金斯盲人學院的洗衣女工瞞著我幫它洗了一個澡，這對可憐的南茜來說簡直是滅頂之災。我再見到它的時候，它已經變成一個棉花團。要不是它用那兩個玻璃眼珠對我怒目而視，我簡直完全認不出它。

火車停靠在波士頓月台的時候，就像一個美麗的童話故事實現了。此時就是「在很久以前」，此地就是「遙遠的國度」。

我們剛到帕金斯盲人學院，我就開始和這裡的盲童交朋友。我的興奮之情溢於言表，因為我發現同伴們都懂得用手語字母交談。可以用我自己的語言與其他孩子說話，真是讓人開心！在這之前，我一直像一個外國人一樣，需要翻譯才可以說話。我是一段時間之後才意識到我的新朋友們也都是盲人。雖然我自己也看不見，但是我被一群熱情好客，同樣看不見的夥伴們圍在身邊，盡情嬉戲玩耍的時候，我幸福得簡直覺得這是不可能的事情。

我對夥伴們說話的時候，他們會把手伸出來，讓我在上面拼出詞句，而且他們還會用手指讀書。除此之外，我還發現他們都擁有聽力，發現這一點之後，我感到既驚訝又苦惱。儘管家人們在來這裡之前就對我說過這件事情，我也知道自己的感官缺陷，但我還是隱約地想到，既然他們可以聽到，必然擁有某種「第二視覺」。我也沒有盼望要找到一個和我一樣既盲又聾的孩子，我想，聽覺和視覺一樣，都是上帝賜予人類彌足珍貴的禮物。但是不管怎麼說，他們是如此地快樂和滿足，置身在夥伴們的友誼之中，我完全忘記了煩惱憂愁。

與這些盲童們待了一天之後，我就完全適應這裡的新生活，感覺就像在家一樣。一天過去，我就會盼望新的一天到來，渴望每天都獲得愉悅的經歷。我把波士頓當作萬物的起始點和終結地，我幾乎不能相信，除此之外還有其他更廣闊的世界。

在波士頓期間，我們去邦克山參觀了，我在那裡學到人生中第一堂歷史課。我們的腳下就是勇士們曾經戰鬥過的陣地，他們的無畏氣概讓我激動不已。在去山頂紀念碑憑弔的途中，我一邊數著台階，一邊想像著英雄們奮勇攀爬，居高臨下向敵人射擊的景象。

第二天，我們坐船前往普利茅斯，這是我第一次乘坐輪船在海上航行。想不到輪船可以載那麼多人！剛開始的時候，輪船隆隆作響，我以為是要打雷了，就開始哭了起來，因為我擔心如果下雨，我們就不能去野餐了。

到達普利茅斯以後，最讓我感興趣的是清教徒登陸的巨大礁石。我觸摸這些岩石的時候，腦海裡浮現的全是早期清教徒開疆拓土的可歌可泣的事蹟，真切地體會到先民們的艱辛和偉大功績。我經常會把一塊「普利茅斯岩」模型拿在手裡，這是清教徒紀念堂中的一位友善的紳士送給我的；我可以用手指摸到它彎曲的形狀、中間的裂紋，以及「1620」字樣的浮雕數字。

童年時期的我，把清教徒開疆拓土的輝煌事蹟看作是世界上最崇高、最偉大的事蹟！我理想化地把先民們視為勇敢的開拓者，覺得他們要在一片陌生的土地上尋找家園非常不容易。而且他們不僅要為自己爭取自由，還要為民族利益爭取自由。可是多年以後，我才瞭解到他們的出走是由於受到迫害，讓我深感驚訝和失望，我為人類的非理性行為感到羞愧。

在波士頓，我結識了很多好朋友，威廉．恩迪考特先生和他的女兒正是其中兩位。他們的友善如同播撒在我心裡的種子，隨著時光的流逝，許多美好的回憶也開花結果。有一次，我們一起去比佛利拜訪他們美麗的農場。

我到現在依然清晰記得當時的情景：我如何興高采烈地穿過他們家的玫瑰花園；如何遇到他們家的大狗里奧，還有捲毛長耳小狗佛里茲；行動敏捷的大馬寧羅又是如何伸著鼻子吃我手裡的奶油和糖塊。我還記得那片海灘，我就是在那裡第一次玩沙子。那是一種質地堅硬、手感爽滑的沙子，與布魯斯特摻雜著海藻和貝殼因而扎手的沙子完全不同。恩迪考特先生還告訴我關於巨輪從波士頓起航駛往歐洲的事情。後來，我又見過他許多次，他一直是我的好朋友，我之所以把波士頓叫做「慈愛之城」，就是因為他的緣故。

一第10章一

親吻大海

我和蘇利文老師計畫等到帕金斯盲人學院放暑假的時候，就去科德角的布魯斯特度假，一起同行的還有我們親愛的朋友霍普金斯夫人。我很興奮，因為我腦海裡想的都是快樂的旅程，以及關於大海的神奇故事。

我對那個夏天最深刻的記憶就是海洋。因為我一直生活在內陸地區，從來沒有呼吸過帶著鹹味的空氣。但是我曾經讀過一本很厚的叫做《我們的地球》的書，書中對於海洋的描述，讓我產生十分迫切的衝動，我渴望可以觸摸到雄渾的大海，領略到巨浪的咆哮。所以，我知道自己長久以來的願望終於要實現的時候，我的心怦怦直跳。

我們到了海邊的時候，我迫不及待地換好泳衣，不管海浪是大是小，就直奔溫暖的沙灘。我觸摸到如浪濤般起伏的巨大岩石，還有石頭上的水窪。在起伏的海水中漂流，我欣喜得渾身顫抖。但是緊接著，我的喜悅就變成恐懼。我的腳撞到一塊岩石，隨後一股水流又湧上我的頭頂。我伸出手，想要抓住某個可以支撐的東西，但是我只抓到隨波逐流的海草。瘋狂的努力是徒勞的。海浪似乎在與我玩遊戲，它狂野隨意地把我拋來拋去。這個過程實在是太可怕了！舒適而堅實的陸地從我的腳下溜走了，生命、空氣、關懷、友善似乎都被這種異樣的自然環境擋在外面。終於，大海似乎對它的新玩具感到厭倦，於是又把我拋回到岸上。接著，我就被蘇利文老師緊緊地抱住。哦！這個持久而溫柔的擁抱是多麼讓人安心啊！但是剛從恐慌中恢復過來，我又忘記對大海的恐慌，提出問題：「誰在水裡放了鹽啊？」

初次水中歷險之後，我嘗到大海的厲害。我想，如果穿著泳衣安靜地坐在大礁石上，應該是最有趣的事情。於是，我就這樣做了，我感受到海浪撞擊岩石的氣勢，四濺的浪花把我徹底澆濕。滾滾波濤湧向岸邊的時候，我還感覺到石頭啰嗒啰嗒的撞擊聲。整個海灘似乎都在遭受波浪可怕的攻擊，空氣也變得躁動不安。翻滾的大浪先是向後退卻匯集，然後再奮力一躍猛撲下來。我一動也不動，緊緊地抱住礁石，既緊張又興奮，任憑大海的波濤向我打來，我徹底被迷住了。

在海岸邊，我永遠沒有待夠的感覺。對我而言，貝殼、石頭、海草，連同依附其間的微小生物，都是魅力難擋的。潔淨、清新、奔放的大海氣息，總是可以讓我冷靜下來，從容地思考問題。

有一天，蘇利文老師在淺灘上捕獲一隻奇怪的傢伙，這種奇異的物種立刻引起我的注意。其實，這是一種巨大的鱟，我以前從來沒有見過這種海洋生物。我一邊摸一邊想，這種奇怪的生物一定是把牠的房子背在身上。我覺得如果把牠帶回去餵養，也許牠會成為一個討人喜歡的寵物。於是，我興致高昂地抓住牠的尾巴，想要把牠拎回家。可是由於牠很重，所以我提著牠走了半英里，就幾乎用盡所有的力氣。

後來，蘇利文老師把牠放在靠近井邊的水槽裡，我想牠在那裡一定很安全。可是第二天早上我們去水槽查看的時候，發現牠消失不見了！沒有人知道牠去哪裡，也不知道牠是如何逃走的。當時，我極度失望，但是隨著時間的推移，我逐漸認識到，把這個不能說話的可憐生物放在一個牠陌生的環境裡，既不仁義也不明智。後來，我想牠大概是重返大海了，這樣一想之後，我的心情又變得晴朗。

第11章

美麗的秋天

我在秋天帶著滿心歡喜返回南方的家。這次奇妙的北方之行讓我獲益匪淺，我明白世界剛向我展示它的面目，一個美麗的世界就躺在我的腳下，等著我去探索。在每次的驚訝中，我汲取快樂和知識。我把自己融入萬物之中，從來不得片刻的安閒，就像那些成群結隊的昆蟲一樣，我會忙碌地度過短暫的一天。我遇到很多人，他們透過在我手掌上拼寫的方式與我「交談」，於是快樂而富於同情心的思想在兩個對話者之間碰撞，所以你看，這真是一個神奇的連結！在我的思想和別人的思想之間雖然荒蕪得寸草不生，但還是可以綻放出美麗的智慧花朵。

我和我的家人在距離塔斯坎比亞大約十四英里的山間小屋裡度過整個秋天。人們把那裡叫做佛恩採石場，因為在那裡附近有一個石灰石礦場，但是很久以前就荒廢了。三條快活的小溪從此地流過，這些來自山泉的溪流，歡笑著左閃右跳一往直前，無論岩石怎樣阻擋也無濟於事。茂密的森林覆蓋這座山的大部分地區，有巨大的橡樹，也有四季常青的樹木。這些樹的樹幹就像包裹著青苔的圓柱，樹枝上掛滿常春藤和槲寄生的花環。附近還有柿子樹，果實的甜美氣息瀰漫在密林中的每個角落，這種虛幻朦朧的香味讓人心情愉悅。野生的圓葉葡萄和斯卡帕農葡萄連成一片，葡萄藤上總會落滿了各種各樣的蝴蝶和嗡嗡飛舞的昆蟲。每到黃昏時分，谷地散發著清爽宜人的氣息，置身其間，怎麼不讓人心曠神怡！

我們住的地方雖然簡陋，但是它坐落在橡樹和松樹環繞的山頂之上，環境優美。房子的四面都有一個開放的門廳，門廳的周邊是一圈寬廣的遊廊。山風從這裡吹過，帶來樹木的醇香。我們大多數時間都待在遊廊裡，這裡也是我們工作、吃飯、玩耍的地方。房子後門還有一棵巨大的灰胡桃樹，人們在它的周圍修建台階。我距離這些樹木很近，伸手就可以輕易地摸到被風吹拂的樹枝和樹葉。

經常有很多人來看我們，因此佛恩採石場每天要迎接很多訪客。每到晚上，獵人們聚集在篝火旁玩撲克牌，或是聊天消磨時光。他們講述打鳥、釣魚、捕獵的過人本事——他們射殺多少野鴨和火雞，如何打撈凶蠻的鮭魚，如何誘捕狡猾的狐狸，如何與聰明的負鼠鬥智，如何追趕動作迅捷的馴鹿。我想，在這些有經驗的獵手面前，獅子、老虎、熊這樣大型的野獸恐怕都要遭殃吧！三五成群的獵人們散去的時候，「明天去捕獵」的叫喊聲成為他們道晚安的告別語。他們睡在門外的走廊裡，每到深夜，我都可以感覺到獵人們以及他們的獵狗發出的深沉鼾聲。

清晨，我會被咖啡的香味、獵槍的撞擊，還有獵人們沉重的腳步聲驚醒。我知道，在這個狩獵季節，他們正在大步走出房子，去尋找屬於他們的好運氣。我還可以感覺到馬蹄踏地的震動。夜裡，馬兒通常被拴在遠離城鎮的樹下。站了一整夜以後，馬兒們高聲嘶鳴，迫不及待地想要脫離束縛。終於，男人們爬上馬背，就像老歌裡吟唱的那樣，他們策馬揚鞭，在獵犬的簇擁下奔向戰場；他們為贏得狩獵冠軍而呼聲四起，響徹雲霄！

天亮以後，我們開始為野外燒烤做準備。先升起篝火，篝火生在一個深深的土坑裡，然後把大柴枝架在火堆頂部，再把肉掛在上面炙烤，於是肉嗞嗞地冒著煙，誘人的香味在空氣中瀰漫。火堆周圍蹲坐著一圈黑人，他們不停地用長樹枝驅趕蒼蠅。餐桌還沒有布置好，我就因為香噴噴的味道而餓腸轆轆。

就在忙碌而興奮的準備工作完成得差不多的時候，獵人們也三三兩兩地回來了，他們雖然疲憊不堪，但是熱情不減。馬兒們大汗淋漓，口吐白沫；那些獵犬氣喘吁吁，垂頭喪氣。但是還有更讓人垂頭喪氣的，那就是：一頭獵物也沒有打到！每個獵人都聲稱自己至少見到一頭鹿，而且距離獵物非常近，但是不管那些獵犬多麼盡忠職守，獵人的槍口瞄得多麼準確，就在扣動扳機的一剎那，鹿兒突然不見了。

講述狩獵經過的時候，他們幸福得像一個男孩。不是童話故事裡有一個男孩經常說，他曾經很近地看到一隻兔子，還看到這隻兔子的足跡。但是無論結果怎樣，失望的情緒很快就被晚宴的歡笑驅散了。我們圍坐在一起，不再提起野味的事情，因為我們還有小牛肉和烤乳豬這類家庭美食可以享用。

那年夏天，我把我的小馬駒也帶到佛恩採石場。我為牠取名為「黑美人」，這是我剛讀過的一本書的名字。這樣叫牠很貼切，從牠油光閃亮的黑色「外套」，到牠額頭的白色星形，無不俊朗非凡。我在牠的背上度過最快樂的時光。有時候，在保證安全的前提下，蘇利文老師會鬆開韁繩，讓我的小馬駒悠閒地在樹林中漫步，興之所至，牠還會停下來吃草，有時候還會啃路邊小樹上的嫩葉。

我早上不騎馬的時候，就會和蘇利文老師去森林裡散步。我們讓自己完全迷失在藤蘿綠樹之間，除了被牛兒和馬兒踩出的小徑，我們無路可尋。因此，那些攔住去路的灌木叢經常迫使我們迂迴行進。但是到最後，我們的懷裡會抱滿大束的月桂樹枝、黃花、蕨菜，以及只有在南方才有的沼澤花卉，滿載而歸地回到小屋。

有時候，我也會和我的表妹們，還有蜜德莉一起去摘柿子。我不吃它們，但是我喜歡聞柿子的香味，喜歡在樹葉間和草地上搜索果實的感覺。我們還去採集堅果，而且我會幫她們剝開栗子的刺皮，或是敲開核桃和山胡桃的硬殼，值得一提的是，那些核桃不僅很大，而且非常香甜！

我們這些孩子有時候會去山腳下的鐵路旁，看火車呼嘯而過。嚇人的汽笛聲經常會把我們吸引到台階上。蜜德莉興奮地告訴我，有一頭牛或是一匹馬還在鐵軌上遊蕩。鐵路沿線大約一英里之外的深谷中，橫跨著一座棧橋。你很難從那裡通過，峽谷很寬，橋樑極窄，走在上面就像行走在刀刃上，我從來沒有去過那裡。

有一次，蜜德莉、蘇利文老師和我在森林裡迷路，我們走了幾個小時，卻沒有找到回家的路。突然，蜜德莉指著前方驚叫起來：「那裡有一座棧橋！」我知道，走任何一條路都比走那條路更好，但是此時天色漸晚，棧橋是離家最近的通道。於是，我們不得不用腳尖探索著橋欄行走。幸運的是，我沒有感到害怕，而且感覺還不錯。但是走著走著，遠處隱約地傳來一陣嗡嗡冒氣的聲音。

「我看見火車了！」蜜德莉大喊。我想，如果當時我們沒有迅速爬到下面的橋桁上，一分鐘以後，火車就會朝著我們迎面駛來。我可以感覺到火車頭的蒸汽瀰漫在四周，煙霧和灰塵幾乎讓我們窒息。火車從我們的身邊隆隆駛過的時候，鐵橋也被震得晃動起來，我覺得我們隨時會掉進腳下的深谷裡。費了一番周折，我們總算又回到鐵軌上。到家的時候，天已經黑了，可是小屋裡空無一人，原來家人們非常擔心我們，都出去尋找我們。

第12章

冰雪世界

經過那次波士頓之行以後，幾乎每個冬天，我都會在北方度過。我曾經去過新英格蘭地區的一個村莊，那裡結冰的湖泊和廣袤的雪原讓我印象深刻。如果沒有身臨其境，我永遠無法體會到冰雪世界的神奇魅力。

我發現冬天的樹木和灌木會遭受神秘的自然之手的摧殘，枝條上只剩下一些皺巴巴葉子的時候，感到非常驚訝。鳥兒也全部飛走了，枯枝敗葉之間的鳥巢裡裝滿了雪。山頭和田野裡也是一片冬天的氣象，在冰雪的觸摸下，大地也被凍得僵硬麻木。樹木的靈魂已經退縮到根部，它們蜷曲在幽暗的地下進入夢鄉。所有的生物似乎都消失了，甚至白天的陽光也變得短暫而寒冷，就像它要步入老年一樣，血脈變得老邁而枯萎，但是它誓死要與衰老奮力抗爭，只為了再看一眼它心中的大地和海洋。

不久之後，這裡來了一股寒冷的空氣，預示暴風雪的來臨。我們衝出屋外，去迎接最先降落的雪片。一個小時又一個小時過去了，雪片悄無聲息地墜落，廣袤的原野變得白茫茫一片。雪夜緊緊地將世界圍裹起來，第二天早上，人們幾乎辨認不出眼前的景物，乾枯的草叢和灌木以及所有的道路都不見了，也見不到任何一個標誌性建築，只剩下一片被皚皚白雪覆蓋的森林。

傍晚，一股來自東北方的狂風會將雪片吹得漫天飛舞。我們圍坐在熊熊燃燒的爐火旁，一邊說逗趣的故事，一邊盡情嬉戲，全然忘記外面的風雪。但是隨著風勢的加大，我們也感到莫名的恐懼。房椽吱吱作響，圍著房子的樹枝嘩啦嘩啦地擊打窗戶，狂風的威力越來越大了。

暴風雪肆虐了三天才停止。太陽穿過雲層，照耀在綿延起伏的白色原野上，高聳的雪丘姿態萬千，讓人難以置信地向四面八方散播。人們在積雪上踏出許多條小路。雖然我穿上斗篷，繫上頭巾，但是走到屋外的時候，空氣還是立刻像火一樣，刺痛我的臉頰。

深雪裡，我們一邊試探一邊行走。最終，我們來到寬闊牧場周邊的那片松樹林。松樹一動不動地矗立著，掛滿積雪的樹身就像未經加工的大理石一樣，樹林裡聞不到松針的味道，陽光灑落在林間，只要輕輕一碰，樹枝上的積雪就像寶石雨一樣紛紛墜落。那個晶瑩剔透的光線是如此炫目，甚至可以穿透蒙在我眼睛上的那層黑暗。

慢慢地，積雪開始融化。在另一次風暴尚未來臨之前，我幾乎無法感覺到腳下踩著嚴冬的土地。在這個短暫的寧靜時刻，樹木丟棄了披在身上的冰衣，蘆葦和草叢露出身形，變得又枯又黃，只有陽光下的冰湖明亮靜謐，展示出冬日的美景。

那個時候，我們最喜歡的娛樂活動是滑雪橇。湖岸上有些地方非常陡峭，我們就從斜坡大的地方直接滑到湖面上；我們坐上雪橇以後，一個男孩會用力從後面一推，我們就會嗖地滑了出去！雪橇穿過積雪，越過凹坑，猛地衝向湖心。最後，我們會穿過晶瑩閃爍的冰面，直到對岸。這是多麼有趣、多麼瘋狂的遊戲啊！記得有一次，在那個狂野而興奮的時刻，雪橇上的防護鎖鏈啪地折斷了，於是我們的手緊緊地握在一起，伴隨著耳邊的疾風，我們覺得自己就像駕雲飛翔的神靈，御風而馳，飄飄欲仙。

一第13章一
學會說話

一八九〇年的春天，我開始學習說話。其實，我很早就有開口說話的衝動，而且這種衝動變得日益強烈。我經常會發出一些雜音，也會把一隻手放在自己的喉嚨上出聲，另一隻手感覺自己嘴唇的動作。我對自己發出的任何聲音，都會感到無比滿足。

有人唱歌的時候，我會把手放在他的喉嚨上感受震動；有人彈琴的時候，我會把手放在正在彈奏的鋼琴上。我也喜歡觸摸小貓和小狗的嘴巴，感受牠們「喵嗚喵嗚」的哼唱，或是歡快的吠叫。

在我失去視覺和聽覺之前，我咿呀學語的速度很快，但是在生病之後，我就停止了說話。那個時候，我整天坐在母親的腿上，還把手放在她的臉上，她嘴唇的動作讓我興味盎然。我也學習她的樣子移動自己的嘴唇，也可以發出許多聲音和模糊的詞語。這些聲音不包含與別人交流的成分，它們只是顯示我練習使用發音器官的本能需求。

至今我仍然記得學習「water」這個詞語的過程。剛開始，我總是發出「wa」、

「wa」的聲音。顯然，這樣的發音，別人是聽不懂的。直到蘇利文老師教我學會用手指拼寫以後，我就放棄用發音進行交流的方式。

因為我一直都知道，別人的溝通方式與我不同。同時，我也知道一個聾啞孩子可以學會說話，因此我對自己已經擁有的溝通方式感到不滿。一個完全依賴手寫字母來溝通的人，總會感覺到處處受限。這種挫折感既讓我無比懊惱，又使我進一步意識到，我應該盡快彌補自己的溝通缺陷。

我的思緒日益高漲，猶如逆風而行的飛鳥，我堅持用自己的嘴唇發音。雖然朋友們竭力阻止我的熱情，他們害怕我因為失敗而受到打擊。但是我毫不動搖，後來我聽說拉格希爾德・卡塔的故事，她的事蹟讓我的信念更加堅定。

那是一八九〇年的時候，勞拉・布里奇曼的授課教師之一拉姆森夫人剛從挪威和瑞典訪問歸來，她順道來看我，並且對我講述拉格希爾德・卡塔的故事。拉格希爾德・卡塔是一個又聾又盲的挪威女孩，現在她已經成功地學會說話。不等拉姆森夫人把女孩的故事說完，我的希望之火就燃燒起來。我下定決心，也要學會說話。於是，在朋友的建議和協助下，蘇利文老師把我送到莎拉・富勒小姐那裡，她是賀拉斯・曼恩學校的校長，這位和藹可親的女士願意親自為我授課。

一八九〇年三月二十六日，我永遠記得這一天，這是我們正式開課的日子。富勒小姐的授課方法是這樣的：她把我的手輕輕地放在她的臉上，她發音的時候，我就可以觸摸到她的舌頭和嘴唇的位置。我如饑似渴地模仿老師的每個嘴型，只用了一個小時，我就學會六個字母的讀音：M，P，A，S，T，I。富勒小姐總共為我上了十一堂課，我始終記得說出第一句話時的驚訝和喜悅，那句話是「天氣很暖和」。這句話說得結結巴巴，但它確實是人類的語言。在靈魂深處，我感受到一股掙脫某種束縛的新生力量。

一個聾啞孩子如果想要迫切用嘴說出那些他從來沒有聽過的字，想要走出那個死一般的寂靜世界，擺脫那個沒有愛和溫暖、沒有蟲鳴鳥叫、沒有美妙音樂的生活，他就怎麼也不會忘記，自己說出平生第一個單字的時候，那種像電流一樣通遍全身的驚喜若狂的感覺。我想，只有這樣的人才可以理解我可以說話的時候，我是沉浸在怎樣的喜悅之中。我帶著無比感恩的心，與我的玩具、石頭、樹木、飛鳥、不會說話的動物們交談。

後來，聽到我召喚的蜜德莉跑到我面前，或是聽到我命令的狗兒做出正確反應，我內心的激動無法用語言表達。當然，這是後話。但是對我來說，可以迅速地說出我想要表達的話而無須翻譯，確實是一種難以言說的恩賜。

然而，在這麼短的時間內完全熟練掌握說話技巧是不可能的。事實上，我只是掌握說話的要素而已。雖然富勒小姐和蘇利文老師明白我說的話，但是大多數人不知道我在說什麼，我說一百個單字，他們未必可以聽懂一個單字。這當然稱不上真正的語言，也就是說，在我學習這些要素之後，其餘的技能就要依靠我自己去摸索和練習。

我要感謝蘇利文老師的天才之舉，以及她孜孜不倦的奉獻精神，否則我無法在學習說話的過程中取得進步。

想要讓我最親密的朋友們聽懂我說的話——首先，我必須要夜以繼日地加強練習；其次，我需要蘇利文老師的持續幫助，請她幫我糾正每個發音，然後再用上千種方式將所有的音節組合在一起。直到現在，她仍然會在日常交流中提醒我讀錯的音。

聾啞學校的所有老師都知道這代表什麼，對於這種莫大的勇氣，他們也表示出贊同。在閱讀課上，我只能依靠手指來感受老師嘴唇的動作：我用觸覺感知喉嚨的振動、口腔的開啟，以及老師的面目表情。在一般情況下，觸摸的方式總是出錯。因此，我只能強迫自己不斷重複單字或是句子，有時候這種重複過程會持續幾個小時，一直到發音正確為止。我的作業就是練習、練習、再練習。氣餒和厭倦的情緒時常困擾我，但是只要想到我就要回到家裡，向家人展示我取得的進步，我的信心就會大增，我渴望與家人共同分享我學習成果的那個時刻。

「我的妹妹將會聽懂我的話。」尤其是這句話，讓我堅持的信念超越任何學習上的障礙。我經常出神地重複一句話：「我不再啞了。」可以預見，我會與母親快樂地交談，我可以透過摸她的嘴唇來讀懂她的話，我不會再感到沮喪和失望。而且，我驚訝地發現，語言溝通比用手指拼寫更容易，所以我會放棄使用手語字母的溝通方式。但是蘇利文老師和少數幾個朋友仍然用手指拼寫的方式與我說話，因為對我來說，這種方式比唇語更方便快捷。

說到這裡，我要順便講解我們盲人使用的手語字母，因為這讓很多不瞭解我們的人感到困惑。如果一個人想要為我閱讀或是與我說話，他就會用到聾啞人士使用的手語字母。我會把自己的手輕輕地放在說話者的手上，我的動作會輕到不妨礙對方的任何行動。手對位置的變化很敏感，如同長了眼睛一樣。所以，你為我「讀」的時候，我不會感到辨別字母的速度比你看的速度慢。長期的訓練，讓手指變得異常靈活。在我的朋友們之中，有些人的拼寫速度非常快，就像一個熟練使用打字機的行家一樣，這就是不知不覺中鍛鍊出來的。

我可以說話以後，迫不及待地想要趕回家裡。終於，這一天到來了，我踏上返鄉的旅程。一路上，我不停地和蘇利文老師說話。這不是為了單純地交流，而是為了提高我的說話能力，我堅持練習到最後一刻。

不知不覺之間，火車已經停靠在塔斯坎比亞的車站，全家人都站在月台上迎接我。我的眼中噙滿淚水，我永遠記得母親如何把我緊緊地抱在懷裡，她激動得渾身顫抖無法言語，並且仔細地聆聽我發出的每個音節；我永遠記得妹妹蜜德莉抓住我的手又吻又跳；我永遠記得父親以長久的沉默來表達他的關愛和自豪。我相信我們見面的景象就像

美國《時代週刊》評選爲
20世紀十大英雄偶像之一！

《以賽亞書》中預言的那樣：「大山小山必在你們的面前齊聲歌唱，田野的樹木也都拍掌歡呼。」我相信這個預言就應驗在我的身上。

第14章

《冰雪王》事件

一八九二年冬天，我一直明媚的心情被一抹烏雲遮蓋，歡樂棄我而去。在很長、很長的一段時間裡，我都活在疑惑、焦慮、恐懼之中。書本在我的眼中失去吸引力，直到現在，那段可怕的日子仍然讓我心有餘悸。

事情是這樣的：我曾經寫過一個標題叫做《冰雪王》的故事，並且把它送給帕金斯盲人學院的阿納諾斯先生，這個故事就是引起麻煩的根源。為了把事實交代清楚，我必須從頭慢慢說起，以討回我和蘇利文老師應該得到的尊重與肯定。

在我學會說話之後的那年秋天，我在家中寫下這個故事。當時，我們住在佛恩採石場，睡覺的時間也比平時晚得多。蘇利文老師向我描述深秋樹葉的美麗多彩，她的講述似乎喚醒我對某個故事沉睡的記憶。這個故事一定被我讀過，我一定是在不知不覺之間記住這個故事。於是我想，我也要編寫一個故事。說寫就寫，各種各樣的思緒從頭腦中噴湧出來。我發現創作過程的喜悅，體會到文思泉湧的快樂。

在我的指端下，富有生命的文字暢快遊走，我把一個又一個句子寫在我的盲文木板上。變幻的詞語和豐富的想像力變得唾手可得，顯然這表示它們並非是出自我思想的產物，最多只是被我頭腦遺棄的零星碎片。那個時候，我如饑似渴地汲取自己讀到的任何東西，從來不會對著作本身有什麼想法。即使是現在，我也無法完全在我的思想和我讀到的那些書之間劃清界線。我想，這是因為我只能依靠別人的眼睛「看」世界的緣故，也因此造成我過多地接受別人的所見所聞，進而缺少自己思考的現狀。

故事寫完以後，我立刻讀給老師聽。我清楚地記得當時自己沉醉其中的情景，還有被老師糾正單字讀音時的懊惱之情。晚餐的時候，我把故事讀給全家人聽。他們驚訝於我寫得如此之好，甚至有人問我這是不是我自己寫的，是不是從其他書裡讀到的故事。

這樣的疑問讓我感到非常驚訝，因為我不記得有誰曾經為我讀過這樣的故事。我大聲地澄清：「哦，不，這是我自己的故事，是我為阿納諾斯先生寫的故事。」

最後，我把整個故事重新抄寫一遍，並且把它作為生日禮物寄給阿納諾斯先生。有人建議我應該把《秋天的落葉》這個標題改為《冰雪王》，我依照他們的建議這樣做了。我親自把這個故事送到郵局，一路上，我非常高興，輕飄飄地彷彿走在雲層裡一般。那個時候的我完全沒有料到，自己會為這件精心準備的生日禮物付出多麼沉重的代價。

阿納諾斯先生非常喜歡我的《冰雪王》，並且把故事登在帕金斯盲人學院的一份刊物上。可以說，這把我推到快樂的頂點，但是片刻之後，我就從雲端直墜地面。我剛回到波士頓不久，就有人發現一篇與《冰雪王》類似的故事，那個故事叫做《雪仙子》，作者是瑪格麗特‧坎比小姐。這篇故事出自一本叫做《博迪和他的夥伴們》的書，這本書早在我出生之前就出版了。

兩篇故事無論在思路上還是語言上都是非常相似的，也就是說，我的故事是一篇剽竊之作。起初，我感到難以理解，但是弄明白以後，我感到既驚訝又傷心。沒有一個孩子像我這樣，飲下這麼多的苦水。我感到顏面盡失，我讓自己最愛的那些人疑慮重重。可是，這一切是怎麼發生的？我搜索枯腸左思右想，直到厭倦回憶我讀過的任何關於森林的故事。而且在寫《冰雪王》之前，我不記得讀過任何關於冰雪的故事。只記得傑克・佛洛斯特有一首寫給孩子們的詩叫做《寒冬奇想》，內容大概和冰雪有關，但是我沒有引用這首詩啊！

雖然阿納諾斯先生深受困擾，但是他剛開始的時候還是相信我的，我很感謝他。我原本以為這只是一個短暫的陰霾，很快就會消散了，可是誰知道事情還在惡化。

為了讓阿納諾斯先生高興，我盡量掩飾自己的不愉快，在我得到那個壞消息之後不久，我以最優雅的舉止，參加華盛頓誕辰的慶典活動。

在夥伴們舉辦的假面舞會中，我扮演穀物女神克瑞斯。我的身上圍裹著華麗的織物，頭上纏繞著亮閃閃的秋葉，手腳周圍布滿果實和穀物；然而人們都不知道，在這些花花綠綠的外表之下，我的內心深處卻充滿了憂傷。

慶典活動的前一天晚上，學院裡的一位老師問我一個與《冰雪王》有關的問題。我告訴她，蘇利文老師曾經向我介紹傑克・佛洛斯特及其出色的詩作。我想，我說的某些事情讓她產生不切實際的想法，因為她從中「察覺」到我對坎比小姐的《雪仙子》記憶猶新，甚至認為我坦白交代自己的過錯。雖然我不斷重申她這是錯誤推斷，但她還是把自己的結論提交給阿納諾斯先生。

善良的阿納諾斯先生認為我欺騙他，對我和蘇利文老師為捍衛清白而做出的辯解充耳不聞。他相信，或者至少是懷疑，我和蘇利文老師故意偷取別人的思想精華，並且將其用作自己贏得別人讚賞的工具。我受到由學院的教師和官員組成的調查法庭的質詢，蘇利文老師被告知要暫時迴避。

我被調查法庭翻來覆去地問訊，他們似乎下定決心要將我判定為：曾經讀過《雪仙子》。我認為，每個引起懷疑的問題都是他們的主觀臆斷。同時，我也感覺到一個親密的朋友正在用責備的眼神看著我，只是我無法把這些感受用言語表達出來。我想要吐露心中的委屈，但是除了幾個簡單的音節，我一句話也說不出來。我的意識甚至開始渙散，感覺到前所未有的頭暈目眩。

終於，我被允許離開房間，讓人安慰的是，蘇利文老師給我一個溫暖的擁抱，我的朋友們說我是一個勇敢的女孩，她們為我感到自豪。遺憾的是，當時我頭暈腦脹，完全沒有留意老師的擁抱和朋友們的好言安慰。

那天晚上，我躺在床上，嚎啕大哭，我希望其他的孩子不要遭受我這樣的痛苦。我渾身發冷，覺得自己在天亮之前就會死去，而且這種想法讓我感到一絲寬慰。我想，假如在我長大以後遇到這種傷心事，我的靈魂一定會破碎到無法修補的境地。但幸運的是，這件事情發生在我小的時候，因此遺忘天使遲早會收集早先痛苦歲月的所有悲傷，並且將其徹底趕出我的記憶。

蘇利文老師從來不知道有這麼一本書，也沒有聽過《雪仙子》的故事。但是她在亞歷山大・葛拉漢・貝爾博士的幫助下，仔細地調查這件事情，最後終於有一些眉目。原來，霍普金斯夫人有一本坎比小姐的《博迪和他的夥伴們》。一八八八年，我和她一起在布魯斯特度過夏天，當時蘇利文老師正在外出休假，霍普金斯夫人為了逗我開心，就為我讀各種各樣的書，但是她現在已經不記得當時是否為我讀過《博迪和他的夥伴們》中《雪仙子》的故事，而且她現在也無法找到那本書，因為她把之前我們住過的那間房子賣掉了，在賣掉房子的時候，她處理許多青少年讀物、老舊課本、童話故事，《博迪和他的夥伴們》很有可能就夾在其中。

對我而言，當時這些故事沒有讓我留下什麼印象。然而，那些奇異的單字拼寫，足以讓一個沒有任何樂趣的孩子開心一陣子。雖然我任何一個與那些故事有關的情節都記不起來了，但是我無法忘記學習單字的艱苦過程。在老師休假歸來以後，我立刻請老師為我解釋那些陌生的單字，但是這其中不包括《雪仙子》故事裡的單字。

或許真的曾經有人把坎比小姐的故事讀給我聽，這些記憶只是暫時性的遺忘，我需要的時候，它們又會迅速恢復。我想，這些語言在我的頭腦中留下無法抹煞的烙印，最終成為我思想的一部分，只是我一直沒有注意這個問題。

在那段痛苦的日子裡，我得到很多人的關懷和愛護，我的朋友們都向我伸出援手，把我從低谷中拉上來。坎比小姐親自寫信安慰我：「有一天，你也會用自己的頭腦寫出一篇偉大的故事，它將會撫慰很多人，將會讓很多人受益匪淺。」

雖然坎比小姐這樣說，但是這個預言從來沒有實現，因為自那以後，我不敢再做只是為了娛樂而玩弄辭藻的遊戲。我被恐懼折磨，害怕我寫的東西不是我自己的。在很長一段時間，即使是寫信給母親的時候，我也會感到如臨大敵般惴惴不安。我會反覆地拼寫句子，以確信我沒有在某本書中讀過這些話。要不是蘇利文老師一直對我進行鼓勵，我想我甚至無法把那些單字組合成句子。

後來，我又把《雪仙子》讀了一遍，又看了我在寫《冰雪王》時期寫的信，結果在一封時間是一八九一年九月二十九日，寫給阿納諾斯先生的信中找到佐證，這封信裡的措辭和觀點確實很像《雪仙子》的語言。當然，這些語言都是被我融會貫通以後的，可以代表我自己思想的詞句。例如，我是這樣描述老師所說的秋日中金黃色的樹葉：「是的，它們的美麗足以安撫我們對逝去夏日的眷戀之情。」這其實是坎比小姐的故事中的一個觀點。

這種深受周圍事物同化的習性是我很習慣和喜歡的，我在早期的通信和最初的寫作中，都透露出同化因素的影響。我曾經在自己的文章裡寫到希臘和義大利的古老城市，我借用了多姿多彩的生動描述，但是我已經不記得它們是出自哪本書。

因為我知道阿納諾斯先生對古代希臘和羅馬的遺跡情有獨鍾，非常推崇它們創造的古代文明，所以我就從自己讀過的所有書籍中收集出相關的詩歌和歷史。後來，阿納諾斯先生稱讚我描寫的古代城市的文章「詩意地再現其內在特質」。

雖然我不明白，為什麼他相信一個十一歲的盲聾孩子的遣詞造句如此高深。但是這反而讓我認清我自己，我認為自己沒有創作的本事，因為我無法創造自己的觀點，我的文章空泛而無趣也就在所難免。但是有一點，我必須要給自己肯定，那就是：我可以使用清晰而生動的語言來品評詩意的思想，描述美好的事物。

那些文章是我早期的智力訓練課程。與所有缺乏經驗的年輕人一樣，我透過吸收和模仿，將其轉化成自己的思想並且訴諸文字。書本中任何讓我感興趣的事物，無論是有意的還是無意的，都留在我的腦海裡。

有一個年輕的作家史蒂文森曾經說過，受到本能驅使，他總是盡其所能地再現那些最讓人景仰的崇高思想，而且他會讓人驚訝地將這種崇高轉化為千變萬化的文字效果。這就是說，即使是偉大的人物，只有經年累月地持續訓練，才可以匯聚攻往每條思想小徑的文字大軍。

也許到現在，我仍然沒有走完這一程。因為我無法從自己的思想中分辨出，哪些是我自己的思想，哪些是我從書上看來的。事實上，我讀過的東西已經變成我的精神食糧，它已經與我融為一體。所以說，在我寫的幾乎所有文章裡，我創造的是一種東西：很像我最初學習縫紉的時候，縫製的一件色彩斑斕的百衲衣。這件百衲衣由各種各樣的碎布製成，雖然不乏精美的絲綢和天鵝絨，可是這些拼湊的碎片始終無法讓人滿意。同樣地，我的文章也是既有自己的粗鄙見解，但是也不乏一些文學大師的真知灼見。

在我看來，寫作的最大困難在於：我們要用理性的語言去表達不成熟的情感、幼稚的觀念、自身混亂的思緒，就像拼湊中國的七巧板和九連環一樣複雜。我們在腦海中勾勒出一個畫面，我們希望借助文字表達其含義，但是在一般情況下，文字不適用於這個範疇，或是說，文字與那個畫面不相匹配。儘管如此，我們依舊鍥而不捨地努力嘗試，因為我們知道別人已經取得成功，我們從此看到希望，怎麼可以輕易認輸？

或許有一天，我自己的思想和人生經驗也會盡顯本色。抱持這個信念，我滿懷信心，堅持不懈，並且盡量不讓《冰雪王》的痛苦記憶變成我學習之路上的阻礙。

但是從另一個方面來看，這個慘痛的經歷未嘗不是一件好事，它讓我對作文中暴露的問題做出更深入的思考。我唯一感到遺憾的是，我因此失去阿納諾斯先生的友誼，他曾經是我最親愛的朋友啊！

《我生活的故事》刊登在《婦女家庭》雜誌以後，阿納諾斯先生就發表一項聲明，他在給梅西先生的一封信中提到《冰雪王》事件。他相信我是無辜的，根據他說，調查團由八位成員組成，包括四個盲人，四個正常人。其中四個人認為我讀過坎比小姐的故事，另外四個人不支持這種觀點。阿納諾斯先生表示，作為調查團成員之一，他投下支持我的一票。

其實，無論這件事情的結果如何，也無論阿納諾斯先生把自己的票投向哪一方，已經不重要了。記得當時，他已經發現有人對我產生懷疑，我也感覺到周圍瀰漫著某種險惡的敵對氣氛，其後發生的事情終於印證這種不祥的預感。以前，每當我走進他的辦公室，他總會把我抱在膝上嬉戲玩耍，讓我忘記許多煩惱。但是這件事情之後，他就沒有再這樣對我了。

我相信在兩年的時間裡，阿納諾斯先生一直相信我和蘇利文老師。但是後來為什麼他的立場發生明顯的轉變，我就不得而知了。同樣地，我也不知道具體的調查細節，我甚至不知道「陪審團」成員的名字，他們也不曾與我說過話。當時，我情緒激動，難以顧及其他事情，而且我嚇得驚恐萬分，無法提出異議。到現在，我已經幾乎想不起來自己說過什麼話，或是別人與我說過什麼話。

我把《冰雪王》事件的來龍去脈如此詳細地描述出來，是因為它在我接受教育的過程中非常重要。我希望自己不要再被誤解，以後如果再有類似的誤解出現，我會冷靜地闡明事實，既不會巧言辯白，也不會怨天尤人。

第15章

參觀世界博覽會

《冰雪王》事件之後，那一年的夏天和冬天，我與家人們一起在阿拉巴馬度過。回家的感覺真好，讓我忘記之前的不愉快，《冰雪王》事件如同過眼雲煙一般，很快過去了。

秋天，大地撒滿了深紅色和金黃色的樹葉。散發著麝香味的葡萄藤，遮蓋了花園盡頭的涼亭。在陽光的照耀下，一串串葡萄變成漂亮的紅褐色。我開始用筆勾勒自己的生活，此時已經距離我寫《冰雪王》一年有餘。

但是可怕的經歷讓我留下難以磨滅的印記，那個時候的我仍舊對自己寫的任何東西抱持謹慎的懷疑態度。我害怕自己寫的東西不完全屬於自己，這種神經過敏的古怪心理一直折磨我，讓我難以釋懷。除了蘇利文老師，沒有人知曉我的內心。

在我與老師交談的過程中，經常會有這樣的事情發生：我萌生出一個想法的時候，就會對她拼寫出這樣的句子：「我不太肯定這是我自己的。」此外，我把某段文字寫到中間的時候，就會對自己說：「你寫的這些東西，可能已經被別人寫過了！」這種揮之不去的恐懼感攫住我的雙手，每次我想到這裡，就會整天無法再寫出任何東西。直到現在，我還會經常感受到這樣的憂慮和不安。

蘇利文老師想盡辦法幫助我擺脫困境，為了重新建立我的自信心，老師說服我為《青年之友》寫一篇短小精悍的生活自傳。那一年我十二歲，回顧起來，那篇故事的寫作過程也經歷內心的掙扎，但是我想，當時我一定是預見到自己將會從這次寫作中得到好處，否則我不會把它寫出來。

雖然下筆的時候仍然有些戰戰兢兢，但是蘇利文老師告訴我，如果我可以堅持不懈，就可以再次找到精神的立足點，也可以重拾寫作才能，於是我不屈不撓地堅持寫下去。

以前，我就像一個孩童一般懵懂無知，但是在《冰雪王》事件之後，我變得內斂，看待事物的角度也變得更深入。逐漸地，我從這件事情的陰影中走出來，在生命的真諦面前，我經過嚴格的考驗以後，我的心智變得更清澈，對生活有更深刻的理解和認識。

一八九三年，我生活中的主要事件，就是在克里夫蘭總統就職典禮期間的華盛頓之行，並且參觀尼加拉大瀑布和世界博覽會。

我至今記得自己站在美洲瀑布的懸崖邊上，感受空氣的震動和大地的顫抖時，我的心情是如此激動，無法用簡單的語言來表述。

很多人不理解我是如何被尼加拉大瀑布的雄渾美麗感動的。他們總會問我：「它的美妙和音響對你而言代表什麼？你看不見驚濤拍岸，也聽不到巨浪咆哮。」其實，我覺得最明顯的感覺是：它代表了一切。確實，我無法透徹理解它的含義，並且用語言將其闡述清楚，但是它就像博愛、仁慈一樣，誰都無法將其表述得完全準確，但是我們可以體會到其中的意義，這不是一兩句話可以說清楚的。

一八九三年夏天，我和蘇利文老師隨同貝爾博士參觀世界博覽會。我對那段快樂時光記憶猶新，上千個天真的想像全部變成美麗的現實。每天，我都會在想像中環遊世界，我見識了許多世界奇蹟——偉大的發明，驚人的工業技術，以及多姿多彩的人類生活——我用手指去觸碰每一樣展覽品，觸摸這些人類勤勞智慧的結晶。

我最喜歡的地方是博覽會的萬國館，這裡就像《天方夜譚》一樣，充滿各種各樣的奇思妙想。我可以感受到書中描寫的印度風情，奇特的市集全是「濕婆」和「象神」的雕像，還有金字塔和開羅城的景觀模型，清真寺和長途跋涉的駝隊貫穿其中，再遠一點的地方是威尼斯水道，每天晚上，我們都在燈光絢爛的城市和噴泉之間乘船航行。

我還在微縮城外，登上一艘維京海盜船，以前在波士頓的時候，我也曾經登上一艘軍艦，但是相比而言，我更喜歡這艘海盜船，我興味盎然地看著維京船的海員們如何揚帆遠航，如何氣定神閒地面對風暴。人們的耳邊迴響著他們的吶喊：「我們屬於大海！」他們與大海抗衡的武器是靈活的頭腦和強健的體力；他們獨來獨往，自給自足，沒有像今天的水手們那樣被湮沒在愚蠢的機械文明之下，他們就像老話說的一樣：「男人只應該做男人應該做的事情」。

海盜船旁邊還有一艘「聖瑪利亞」號仿製帆船。「船長」帶我參觀哥倫布住的船艙，放在桌子上的一個沙漏讓我留下深刻的印象。這個精巧的儀器讓我想到這位偉大的航海家承受的巨大考驗，在身心疲憊的狀況下，他要看著沙粒一點一點滴落，要與內心的絕望情緒進行頑強的抗爭。

博覽會的主席希金博瑟姆先生，為人平易隨和，他允許我隨意觸摸博覽會上的展覽品。於是，我就像貪得無厭的皮薩羅擄掠秘魯的珍寶一樣，用手指「吸納」博覽會的所有精華。這有些像一個可以觸摸的萬花筒，每一樣東西都讓我感到無比新奇，特別是法國的青銅雕像。這些栩栩如生的雕像宛如再現的天使，我想，藝術家們一定是真的抓住一個天使，並且依照他的形象塑造出這些雕像。

我在「好望角」展示區學到許多關於鑽石開採過程的知識。只要有可能，我都會摸一摸正在運轉的機器，這樣就可以更清晰地感受到礦石有多重，它們又是如何被切割、被拋光。我還在清洗槽中摸索到一顆鑽石，人們告訴我，這是在美國參加展示的唯一一顆真鑽石。

貝爾博士一直陪伴我們參觀所有的地方，他不斷向我描述最有趣的展覽品。在電子大廈，我們試用電話、對講機、留聲機，以及其他的發明。貝爾博士讓我明白訊息如何突破空間和時間的羈絆而在電線上傳播，這就像普羅米修斯把火種帶到人間一樣偉大。

我們還參觀人類學展示區，在這個展示區中，最讓我感興趣的是古代墨西哥文物，粗糙的石器是那個時代留存至今的僅有記錄，也是未開化的人類童年時期的簡陋遺物（這是我用手指觸摸以後的感想）。許多君王和聖賢的功勞簿在歷史的塵埃中分崩離析，在埃及的木乃伊中被死亡塵封，但是有些遺跡仍然倖存到現在。透過對這些遺物的觸摸，我更多地瞭解人類文明的進化過程，這是僅僅依靠別人的講解和閱讀無法體會的。

我在博覽會度過的三個星期，讓我的詞彙量達到一個前所未有的全新程度，我從一個沉迷於童話故事和玩具的孩子，成為一個熱愛現實世界和平凡事物的有心人。

一第16章一

拉丁語學習

到一八九三年十月之前，我已經斷斷續續地自學了許多東西。我讀過希臘、羅馬、美國的歷史。我有一本盲文法語文法書，而且已經學習一些簡單的法語。為了自娛自樂，我經常默默地在腦海裡做一些練習。我用隨意想到的新單字造句，而且不太理會文法規則和其他的技術性問題。我還在這本書裡發現所有字母和音節的發音講解，因此在無人幫助的情況下，我甚至獨自嘗試掌握法語發音。

雖然對於宏大的目標而言，這種努力是遠遠不夠的，但是無論如何，在淫雨霏霏的日子裡，我總是有事情可以做。就這樣，我掌握的法語知識足夠使我很有興趣地閱讀拉封丹的《寓言》、莫里哀的《屈打成醫》，以及拉辛的《阿塔莉》中的段落。

我也用許多時間來提升自己的說話能力。我大聲地為蘇利文老師朗讀課文，背誦我喜愛的詩歌章節，她糾正我的發音，並且幫我斷句和改變詞形。總之，直到一八九三年十月，也就是在我從參觀世界博覽會的疲勞和興奮狀態中恢復平靜之後，我才開始在固定時間學習固定的課程。

當時，蘇利文老師和我正在賓夕法尼亞州的霍爾頓市，我們專程去拜訪威廉・韋德先生一家人。艾朗士先生是韋德先生的鄰居，他是一位優秀的拉丁語學者，所以向他學習拉丁語就成為順理成章的事情。上課的時候，蘇利文老師就坐在我的身邊，她會把艾朗士先生說的話在我的手上拼寫出來，而且幫我查找生詞。在我的記憶中，艾朗士先生是一個生性樂觀、博學多聞的傑出人士。他主要教我拉丁語文法，也經常幫我解決算術難題，對我而言，那些數字運算實在是太讓人頭疼。

艾朗士先生和我一起閱讀丁尼生的《悼念》。雖然我之前也讀過很多書，但是從來不曾看過任何具有批判性的觀點，這是我第一次遇到具有思辨思想的作家，我欣賞他的文風，這種感覺就像和老朋友握手一樣，既溫暖又親切。

剛開始的時候，我很不喜歡學習拉丁語。因為它必須對每個單字進行名詞屬性、所有格、單數、陰性的分析，在我看來，這是一種浪費時間的愚蠢舉動，就像我用生物學的分類方法來瞭解我養的那隻貓一樣。目，脊椎動物；門，四足動物；綱，哺乳類；

屬，貓科；種，虎斑貓。但是隨著學習的深入，我變得越來越有興趣，語言之美實在難以言說。我經常閱讀拉丁語文章自娛自樂，我會把學過的單字挑選出來，並且體會其中的含義。在其後的生活中，我從來沒有停止過這種消遣活動。

我只是剛開始熟悉這種語言，但是我的思想已經穿越精神的天空，它已經被瞬息萬變的幻想重新塑造和著色。我想，沒有任何事物比因為一種語言而產生的倏忽即逝的影像和情感更有魅力。

在啟程返回阿拉巴馬老家的時候，我已經可以用學來的拉丁語閱讀凱撒寫的《高盧戰記》。

第17章

在紐約的學習與生活

一八九四年夏天，我參加文化講習班，那是美國聾啞人士語言教育促進協會在肖托夸湖舉辦的。在那裡，我被安排到紐約市的賴特-赫馬森聾啞人士學校上學。一八九四年十月，在蘇利文老師的陪伴下，我到了那裡。這是一所專門為發展高級有聲文化和唇語訓練而興建的學校。除去必修的科目，在這所學校學習的兩年之中，我還會學到算術、自然地理學、法語、德語等課程。

我的德語老師是雷米小姐，她可以用手語字母與我溝通，在我掌握少量詞彙以後，我們就利用每次機會用德語交談。幾個月之後，我幾乎可以聽懂她說的任何事情。在第一年快結束的時候，我懷著極大的興致，閱讀《威廉・泰爾》這部小說。

我認為自己在德語學習上取得的進步勝過其他學科，老實說，其他的科目讓我有些吃力，尤其是法語相當難學。教我法語的是奧利佛夫人，這位法國女士不懂手語字母，因此她只能口述授課，讀懂她的唇語實屬不易，所以與德語相比，我學習法語的速度慢得許多。儘管我與奧利佛夫人同心協力地攜手向前，可是我們仍然沒有達到理想目標。我想，或許是目標定得太高，因此失望也是在所難免。雖然如此，我還是設法重讀《屈打成醫》，雖然這本書非常有趣，但是相對而言，我還是比較喜歡《威廉‧泰爾》。

除此之外，我依然把算術當作一門充滿陷阱的學科，我有不懂的問題時，就會去「推測」而不是去「推理」，這個缺點再加上我感官上的遲鈍，更加重我理解的困難，也給自己和老師帶來無窮無盡的麻煩。但是我不再「猜想」，欣然接受各種結論的時候，最終得到的結果只會是錯上加錯。

這些讓人失望的事情，雖然讓我消沉沮喪，但是我對其他科目的學習興趣依舊未減，尤其是自然地理學。瞭解自然界的奧秘是一種樂趣，例如：風如何從四面八方吹來，水蒸氣如何從大地的盡頭飄升至天空，河流如何在巉岩峭壁之間劈風斬浪，群山如何被大地傾覆，人類如何戰勝比自己更強大的自然之力。

在紐約的這兩年是一段讓人愉快的時光，每次想起，我都會從心裡感到開心。我尤其記得自己和蘇利文老師每天在中央公園散步的場景，對我而言，這是這個城市唯一讓我感到稱心如意的地方。我從未遺漏掉在這個公園裡的半點快樂。我喜歡對每次的公園漫步進行描述，因為這裡的美無處不在，我在紐約的九個月中，每天都可以感受到讓人愉悅的盛景佳境。

春天的時候，我們會去各種有意思的地方旅行。我們駕船航行在哈德遜河上，徜徉在布萊恩吟唱芳草依依的岸邊，我喜歡河邊斷崖樸素雄渾的野性之美。沿河而行，我們參觀了西點軍校，遊覽華盛頓·歐文的家鄉柏油村，我們還穿行過「沉睡谷」一次。

賴特-赫馬森學校的老師們在教育學生的時候，一切從學生的角度著想，他們會以學生的興趣作為教學出發點，很少對學生做強行灌輸，而且會引領這些罹患殘疾的孩子走出艱澀的生存環境。

在我即將離開紐約的時候，快樂的時光已經不在，取而代之的是無限的悲痛，這種悲痛僅次於當年我父親的去世。

一八九六年二月，波士頓的約翰·P·斯波爾丁先生去世了。只有那些認識他並且對他表示敬重的人，才會理解我們之間的友誼是多麼深厚。以前，只要斯波爾丁先生在我們的身邊，無論我們在生活和學習中遇到多麼大的困難，都不會感到氣餒無助，因為他以其謙遜而優雅的態度，把愉悅帶給身邊的每個人，他給予我和蘇利文老師最慷慨無私的關懷。每當想到他的慈愛，我們的眼前就會立刻浮現出他那種關注的神情。斯波爾丁先生的去世給我們的生命留下的巨大空白，是誰也無法彌補的。

一第18章一

劍橋女子中學

一八九六年十月，我進入劍橋女子中學學習，這是為了進入哈佛大學的拉德克利夫學院做準備。

我還是一個小女孩的時候，曾經去過威爾斯利女子學院參觀。當時，我的宣言讓我的朋友們感到驚訝，我說：「將來我也會上大學，而且一定要上哈佛大學！」於是他們問我，為什麼不選擇威爾斯利女子學院，我回答因為這所學院裡只有女生。從那個時候開始，上大學的念頭就在我的心裡扎根了，進而變為一種堅定不移的願望。這種願望激勵我邁入學位爭奪戰的行列，我的對手是一些能看能聽、耳目俱全的學生。

雖然我的身邊那些明智而現實的朋友們強烈反對我，但是在我離開紐約的時候，上大學的想法已經變成不可動搖的既定目標，因此我下定決心前往劍橋女子中學。這是為實現我上哈佛大學的童年宣言而選擇的一條捷徑。

在劍橋女子中學裡，蘇利文老師與我一起上課，並且負責為我翻譯授課內容。顯而易見，那裡的老師沒有任何教授殘障學生的經驗，所以我與那裡的老師和同學們交談的唯一方式就是唇語。

我第一學年學習的課程包括英國歷史、英國文學、德語、拉丁語、算術、拉丁語寫作，以及一些臨時性課程。雖然在此之前，我從來沒有為自己上大學做學業準備，但是不管怎麼說，在英語方面，我已經接受過蘇利文老師很好的訓練。因此，我的老師們很快就發現，對於那些指定課本，我不需要特別的傳授。此外，我在法語學習上的起點也很高，拉丁語更是我再熟悉不過的科目，所以在最初的六個月之中，我需要認真學習的只剩下德語。雖然具備這些優勢，但是一些很嚴重的障礙仍然對我的學業造成影響。

首先，蘇利文老師不可能把所有指定的書籍在我的手上拼寫出來。所以當務之急，我必須將這些課本轉換成盲文，雖然這實在是一件極其困難的事情。但我還是這樣做了，我將拉丁語用盲文抄錄下來之後，就可以和其他女孩一起朗讀課文，這讓我進步很快。

我的老師們也很快就熟悉我那種不完美的語音，而且可以迅速地解答我的問題，並且糾正我的錯誤。雖然我無法在課堂上記筆記或是做練習，但是課後我會把所有的作文和盲文翻譯用家裡的打字機做完。

蘇利文老師每天都以無限的耐心把老師們講述的所有內容在我的手上拼寫出來。其間，她還要幫我查找生詞，並且一遍又一遍地為我閱讀筆記和尚未譯成盲文的書籍。這種冗長乏味的工作，是一般人難以想像的。

我的德語老師格羅特女士和院長吉爾曼先生，是學院裡僅有的兩位可以用手語字母授課的老師。格羅特女士在拼寫方面比較緩慢和不熟練，但是她仍然不辭辛勞地一個星期兩次為我拼讀授課，為的是讓蘇利文老師可以休息一下，稍作喘息。

這裡的每個人都會對我們慷慨相助，讓辛苦的學習變成快樂的事情。

在這一年裡，我完成算術課程的學習，複習了拉丁語文法，還讀完《高盧戰記》的前三章。此外，我還「閱讀」一些德語著作，其中一半是在蘇利文老師的幫助下讀完的，另一半是靠我自己用手指摸著讀完的。

席勒的《鐘聲之歌》和《潛水者》，海涅的《哈茲山遊記》，弗萊塔克的《從腓特烈大帝的國度來》，里爾的《美的詛咒》，萊辛的《明娜・馮・巴恩赫姆》，以及歌德的《詩與真》，我懷著非常大的興致來閱讀這些德語名著。我最喜歡的是席勒，他的詩篇非常恢弘，例如：他對腓特烈大帝取得的歷史成就的讚頌，以及對歌德個人生活的描述，都讓我很著迷。還有《哈茲山遊記》，也讓我回味無窮，這部詩集可謂妙語連珠，對醉人美景的描寫隨處可見——紫藤覆蓋的山野、陽光下水波瀲灩的溪流、蠻荒之地、神聖的傳奇，還有塵封已久的「灰姑娘」。如此富於想像力，只有那些對大自然懷有真摯的感情和獨特鑑賞品味的人，才可以寫得出來。

吉爾曼先生還教過我一段時間的英語文學。我們一起閱讀《皆大歡喜》，伯克的《與美國和解的演講》，還有麥考萊的《山繆・詹森的一生》。吉爾曼先生擁有廣博的歷史學識和文學素養，再加上他巧妙的講解方式，讓我確實體會到學習的輕鬆愉悅，這與我在課堂上被灌輸那些教條性知識的感覺完全不同。

麥考萊寫的《山繆・詹森的一生》無論從哪種角度來看，都很吸引人。這位在格拉勃街上啃著麵包的落魄男人，在身體和靈魂遭受雙重磨難的情況下，始終可以保持一種友善的言行，並且向貧窮無助的人伸出援手，我對他無比崇拜，也為他取得的成功而歡欣鼓舞，但是對他的過失視而不見。因為我認為，儘管重壓纏身，但是那些壓力沒有摧垮他的意志，那些瑕疵也無損他的人格。

麥考萊用他出色的文筆化腐朽為神奇，讓生動的人物躍然紙上。他的信念偶爾也會讓我感到厭倦，但是他為探尋真理而孜孜以求的精神，使我看待事物的態度變得更理性，這與我聽到讓我產生敬畏之情的「大不列顛的狄摩西尼」雄辯演說是完全不同的感覺。

在我讀過的所有政論書籍中，沒有比伯克的演講更具有教育意義的。我心潮起伏，在我的面前，兩個生活在共同屋簷下的敵對民族似乎在朝著和解的道路上邁進。讓我越來越不解的是，面對伯克激昂澎湃而富於雄辯的演講，英國國王和他手下的眾臣怎麼可能充耳不聞，置我們的勝利和他們的恥辱於不顧？我在隨後的研讀中，對於這位政治家的黨派立場和人民的立場之間的關係，進行深入地思考。我覺得，像這樣一粒如此珍貴、蘊涵真理和智慧的種子，竟然被湮沒在無知和腐敗的稗子中，確實是一件很可惜的事情。

在劍橋學習期間，我第一次享受到同學之間的友誼，這些同學都是能看能聽、和我同齡的女孩。我和其他幾個同學住在與學校相連的一幢房子裡，這裡是豪厄爾斯先生曾經居住過的地方，我們或許可以從這所房子裡沾一些「靈氣」。我參加同學們的很多遊戲，甚至是雪中捉迷藏。我和她們一同遠足，還會在一起討論功課，或是高聲朗讀我們感興趣的文章。有些女孩學會了與我「交談」的方式，這樣就可以避免蘇利文老師為我重複她們的話，省去很多麻煩。

聖誕節到了，我的母親和妹妹蜜德莉和我一同度過。其間，熱心的吉爾曼先生還把蜜德莉安排到他的學校讀書。就這樣，蜜德莉和我一起待在劍橋女子中學，差不多有六個月的時間，我們幾乎形影不離。我們互相幫助，一學就是幾個小時，那真是一段讓人難忘的時光。

後來，我參加拉德克利夫學院的預備考試。時間是一八九七年六月二十九日至七月三日，我報考的科目有初級和高級德語、法語、拉丁語、英語、希臘語、古羅馬歷史，幾門考試總共用了九個小時。我不僅通過全部考試，而且我的德語和英語還取得「優等」的成績。

在這裡，將我參加考試的過程做簡單的介紹：總分是十六分，初級考試十二分和高級考試四分，要得到十五分以上，才算是通過考試。試卷是上午九點在哈佛大學啟封，然後用特別郵件送到拉德克利夫學院。每份試卷上不寫姓名，只寫編號，這樣考生身分是保密的。我的編號是二三三號，但是由於我必須要使用一台盲文打字機答題，因此我的身分是無法保密的。

因為打字機的敲擊聲會影響到其他同學，因此我被安排在一個單獨的房間考試，吉爾曼先生親自用手語拼寫的方式為我讀考題，房間門口還設置一個專門的監考人員。

德語考試在第一天進行。吉爾曼先生坐在我旁邊，先為我讀一遍考題，然後一句一句分開寫在我的手上，與此同時，我也跟著大聲重複，以表示我聽清楚他說的話。考題不算簡單，在用打字機打出答案的同時，我的心裡也感到惴惴不安。吉爾曼先生把我的答案拼給我聽，如果我覺得有必要就做一些修改，然後他再把修改以後的內容插入到答案中。我在這裡想要說的是，在我以前參加的任何一次考試中，從來沒有享受過如此待遇。

進入拉德克利夫學院以後，沒有人會再為我讀試題，而且我也沒有機會修改錯誤，除非我可以提前做完答卷。也就是說，我可以利用有限的幾分鐘時間，根據自己的回憶修改疏漏之處，然後再把改正以後的答案寫在試卷的下方。

如果說我初試的成績比複試的成績更好，原因有兩個：第一，複試的時候，沒有人為我讀試卷；第二，初試的科目有一些是我在劍橋學院學過的課程，但是複試就不一定了。

考試結束以後，吉爾曼先生把我的答卷送交到主考官手中，他還在試卷上附加一紙證明：海倫・凱勒，二三三號考生，獨立完成所有答題。

剩下的所有其他考試科目都是以這種方式進行，但是後面的考試不像德語這麼困難。我記得在考拉丁語那天，席林教授來到考場告訴我，我已經順利地通過德語考試。這個消息讓我信心倍增，於是我帶著非常放鬆的心情，完成後面其他科目的考試。

—第19章—

學習的困境

我在劍橋中學開始第二年學習生涯的時候，我滿懷希望，心裡充滿必勝的決心。但是在最初的幾個星期裡，我遇到一些意外的難題。

吉爾曼先生認為，我在這一年裡應該以學習數學為主。當時，我學習的課程有物理、代數、幾何學、希臘語、拉丁語。不幸的是，我需要的很多書都沒有被製作成盲文，因此在一些科目上，我缺少必要的學習工具。而且，這些科目都是很多人一起上的課，老師不可能為我做單獨輔導。蘇利文老師只好把所有的課本讀給我聽，還要為我翻譯老師的話。十一年以來，她那雙神奇的手，第一次露出力不從心的感覺。

此外，我必須在課堂上寫下代數和幾何的運算過程，還要解決物理方面的難題，後來直到我們買來一個盲文寫字板，這一切才順利解決。

透過這台機器，我可以把自己的解題步驟和過程記錄下來。我無法看到那些畫在黑板上的幾何圖形，我獲取具體認識的唯一方式，就是以一個靠墊做依託，再把幾何圖形用或直或彎的鐵絲拼接出來。我不得不在腦海中描摹這些圖形，正如基斯先生在他的報告中所說的那樣，我不僅要掌握圖形的形狀，還要進行假設、演算、推理論證。

簡而言之，每門學科都有其困難之處。有時候，我會失去所有的勇氣，背叛自己真實的感覺，讓我現在回想起來覺得羞愧難當。尤其是我脾氣暴躁的時候對蘇利文老師的態度，更是讓我追悔莫及。因為在我所有的良師益友之中，她是唯一一個可以撫平我內心傷痛的人，她可以「將曲線拉直，讓崎嶇之地變成坦途」。

逐漸地，我的困難開始消失了。盲文書籍和其他的學習工具都拿到手了，我重新建立自信，又投入到學習中。代數和幾何這兩門課程仍然在繼續與我的努力相抗衡。正如我之前說過的那樣，我天生缺乏數學頭腦，對不同的點面關係總是無法很好地理解。幾何圖形尤其讓我惱怒，因為我無法看到不同圖形之間的關係，即使在墊子上擺放，我也無法理解其中各個部分的相互關係。直到基斯先生開始教我，我才對數學有比較清楚的認識，算是踏進幾何學的門檻。

就在我開始克服各種困難的時候，隨後發生的一件事情改變了一切。

在那些盲文書籍備妥之前，吉爾曼先生不顧我的嚴詞反對，對蘇利文老師縱容我的用功過度提出忠告，並且減少我背誦課文的次數。

起初，我們曾經達成協議，如果有必要，我應該用五年的時間為上大學做準備。但是到了第一學年的期末，我在考試中的成功表現向蘇利文老師、哈博小姐（劍橋女子中學的教務長）和其他人證明，我也許可以輕鬆地在兩年多的時間裡就完成準備工作。剛開始，吉爾曼先生同意我的想法，但是我在學業上遇到稍許困惑的時候，他就認定我用功過度，並且認為我應該在他的學校裡再學三年。我不喜歡他的計畫，因為我希望可以和班上的同學們一起進入大學。

十一月十七日早晨，我感覺身體不適，所以沒有去上課。雖然蘇利文老師知道我的病情不嚴重，但是吉爾曼先生聽說這件事情之後，宣稱我一定是身體垮掉了，他對我的學習計畫做出調整，不讓我和班上的同學一起參加期末考試。最終，吉爾曼先生和蘇利文老師的分歧，直接導致我的母親把我和蜜德莉從劍橋女子中學接走。

經過短暫的耽擱，學校安排我繼續學習，這次我的老師是劍橋女子中學的墨頓・基斯先生。這一年的冬天，除了在學校學習，其餘的時間我和蘇利文老師住在我們的朋友錢柏林先生家裡，他們家在距離波士頓二十五英里的倫瑟姆。

從一八九八年的二月至七月，基斯先生每個星期會來倫瑟姆兩次，教我代數、幾何、希臘語、拉丁語。蘇利文老師會為我翻譯他的講解。

一八九八年十月，我們返回波士頓。在其後的八個月中，基斯先生每個星期為我上五次課，每次大約一個小時。每次上課，他會先解答我上一節課不懂的問題，然後再安排新作業，並且把我在那個星期裡用打字機打出的希臘文作業帶回家，仔細地批改，然後交還給我。

我正是透過這樣的方式，為進入大學做準備，從來沒有間斷過。我發現，與接受課堂灌輸相比，自學的過程更容易，也更有樂趣。自學的時候不會有倉促之感，也不會造成思維混亂。基斯先生有充足的時間解答我的疑問，所以我學得又快又好，效果比在學校學習更好。然而，與我學習的任何其他課程相比，數學仍然是最讓我感到棘手的問題。真希望代數和幾何有語言和文學一半的容易就好了。

但即使是數學，基斯先生也可以把它變得很有趣味。他總是可以把那些難題分解成許多小部分，讓我更容易明白，他隨時讓我的思維保持在活躍和求知的狀態。他訓練我運用理性的思維，冷靜而客觀地尋求事物的結論，而不是漫無目的地誤打誤撞。他總是對我很寬容，無論我表現得多麼愚鈍，他總是對我充滿信心，換作其他人，可能早就對我的笨拙失去耐心。

一八九九年六月二十九日和三十日，我參加拉德克利夫學院的入學考試。第一天考的是初級希臘語和高級拉丁語，第二天考的是德語、代數、高級希臘語。

校方不允許蘇利文老師為我讀試卷，而是雇來帕金斯盲人學院的尤金•維寧先生為我把試卷譯成美式布萊葉盲文。對我來說，維寧先生是完全陌生的人，除了撰寫盲文之外，他不會與我交談。監考老師也是陌生人，也不打算與我有任何交談。

在語言類的考試中，盲文很好用，但是在幾何和代數考試中，問題就出現了。我感到既困惑又沮喪，尤其是代數，我浪費許多寶貴的時間。事實上，我對這個國家通用的所有字母盲文熟稔於心，無論是英式、美式，還是紐約浮點式。但是這三種系統在幾何和代數方面使用的各種符號和標誌卻是大相徑庭，在代數方面，我只用過英式盲文。

在考試前兩天，維寧先生寄了一份哈佛大學以前用過的代數試卷給我。讓我感到沮喪的是，這是一份用美式盲文標注的試卷。我立刻坐下來，寫了一封信給維寧先生，希望他可以解釋那些符號的意思。維寧先生在回信中，又寄了一份試卷給我，並且附上一張符號對照表，我立刻開始學習那些符號。當時，正是代數考試前一天的晚上，我還在拼命地分析那些異常複雜的標注，還是無法知道中括號、大括號、根號的組合排列方式。我和蘇利文老師愁眉不展，對第二天的考試充滿不祥的預感。幸好我們在考試那天提前到了一會兒，又請維寧先生詳細地解釋美式符號的用法。

儘管如此，在幾何考試中，我還是遇到標注不清的問題，一直以來，我都習慣按行寫出的命題，或是讓別人把命題寫在我的手掌上。但是現在這些命題全部擺在我的面前，我發現自己被弄得糊里糊塗，根本無法集中精力，也不知道自己到底讀了什麼東西。

考代數的時候，我仍然遇到相同的問題。總之，我想困擾我的正是那些剛學到的數學符號。此外，我也無法看到自己在打字機上寫下的東西。我以前總是用盲文和頭腦進行學習，基斯先生鼓勵我以心智解決問題，沒有特別訓練我如何書寫答卷。因此，我作答的過程相當緩慢，必須把那些例子一遍又一遍地反覆閱讀，才可以大概瞭解自己應該怎樣做。實際上，我甚至不確定自己對那些符號的解讀是否正確。我發現自己很難做到隨機應變。

但是我不會指責任何人。拉德克利夫學院的行政委員會沒有意識到他們為我設置的考試障礙有多大，也不會理解我必須要克服怎樣特殊的困難才可以完成考試。但是如果說他們是無意識地在我的前進道路上製造障礙，我知道自己有能力克服這些障礙的時候，我會感到無比寬慰。

第20章

我夢想的大學

為踏入大學校門所做的奮鬥結束了，現在只要我願意，隨時都可以進入拉德克利夫學院。然而，許多人建議我入學之前，最好再由基斯先生輔導一年。因此，直到一九〇〇年秋天，我才實現上大學的夢想。

我進入拉德克利夫學院第一天的情景歷歷在目，這一天對我意義重大，我已經盼望它很多年。我的心中有一股潛在的力量，這股力量壓倒朋友們的勸說，甚至比我內心的呼喚還要強大，它在無形之中驅使我去與那些視聽正常的人一較高下。我深知行路艱難，但是我有克服所有困難的決心。我將睿智的古羅馬格言銘記於心：「雖然被逐出羅馬，卻依舊活在羅馬城下。」我已經被阻擋在知識的大道之外，只能迫使自己穿越人跡罕至的鄉村小路——這就是我所做的一切。我知道大學裡遍布許多這樣的小路，在行進途中，我用雙手觸摸到的女孩們都懷著和我一樣的心理，她們勤於思考、熱愛知識，而且鬥志昂揚。

我熱切地開始大學生活。在我的面前，展現出的是一個美麗而光明的新天地，我信心百倍，已經做好接受所有知識的準備。我相信在神奇的精神王國裡，我會擁有像其他人一樣的自由。這個王國的子民、風景、習俗、歡樂、悲傷，也應該是鮮活而真切的。大學的講堂裡應該充溢著聖哲先賢的精神和思想，教授就是智慧的化身。

但是我很快就發現，大學並非如我想像的那樣浪漫。我那個年幼無知的美麗夢想，隨即變得暗淡無光。逐漸地，我開始感受到上大學的許多不利因素。

直到現在，讓我感觸最深的仍然是時間的緊張。以前，我有從容不迫的時間來進行冥想，來反省自己。我經常通宵達旦地靜坐，聆聽從心靈深處發出的美妙音樂，這種音樂只有在安靜閒暇之中才可以聽到。此時，我心愛的詩人吟誦出的詩句，就會撥動我平靜的心弦。但是在大學裡，你沒有時間與自己的思想談心。上大學似乎是為了學習而來，不是為了思考而來。步入學習的大門以後，就要把最鍾情的樂趣：獨處、書籍、幻想連同颯颯作響的松樹一起留在外面。我想，我應該從思想中尋找到一些慰藉，並且以此作為我未來幸福的積蓄。但我是一個沒有長遠打算的人，寧願要眼前的快樂而不願意未雨綢繆。

我第一年主修的科目有法語、德語、歷史、英語寫作、英國文學。在法語讀物方面，我讀過高乃依、莫里哀、拉辛、阿爾弗雷德・繆塞、聖伯夫的著作。在德語課上，我讀過歌德和席勒的作品。我很快就把從羅馬帝國的滅亡到十八世紀的歷史複習一遍；在英國文學方面，我用批判的眼光，研究彌爾頓的詩歌和他的《論出版自由》。

經常有人問及我如何克服大學學習的不便。當然，在課堂上，我的情況是獨一無二的。教授的聲音很微弱，他似乎正在透過一個電話來說話。老師講課的內容會被蘇利文老師盡可能快地拼寫在我的手上，然而在這樣的匆忙之中，老師講課風格的個性特點會喪失殆盡。對於那些急速地拼寫到我手上的字，我就像追逐野兔的獵犬一樣，經常望塵莫及。

即使是在這種情形下，我也不覺得自己比用筆記錄的女孩們差到哪裡。假如全部心思被機械性的聽講和手忙腳亂的記錄佔據，你就不可能過多留意課程的內涵或風格。我無法在上課的時候做筆記，因為我的雙手正在忙於「聽講」。通常，我會在到家以後，把可以記得的內容草草寫下來。此外，我還要在打字機上做習題、記筆記、寫評論，完成課堂測驗和期中期末考試，這樣老師們就不難發現我掌握的內容是多麼有限了。

我使用的是一台哈蒙德牌打字機。此前，我曾經嘗試很多機型，但是我發現哈蒙德牌打字機是最符合我工作要求的機器。這種打字機具有可以變動的鍵盤，你可以移動若干次滑梭，每移動一次就會轉換成不同的字體，這樣就可以在希臘語、法語或是數學字元之間轉換。我想，如果沒有這台打字機，我在大學裡學習幾乎是不可能的。

學習各門課程的時候，我需要的各種教材很少有盲文本，因此我不得不請別人將書的內容拼寫在我的手上。這樣與其他同學相比，我要花費更多的時間準備功課，我要面對許多別人不會遇到的困難。

每時每刻，我都要集中精力，讓自己的意識處於興奮狀態。有時候，我會花費幾個小時去閱讀幾章內容。事實上，我生活在一個沒有歡笑、歌唱、舞蹈的世界裡，這樣的生活經常會讓我產生悲憤心理。但是很快我就會振作精神，對這些憤懣不平一笑置之。因為一個人想要得到真才實學，就要自己去攀登奇山險峰，既然沒有一條到達頂峰的平坦大道，我就要走自己的迂迴曲折的小路。雖然我曾經滑倒很多次，但是我仍然會爬起來，朝著隱藏的各種障礙衝擊。

我每發一次脾氣，就可以更好地學會控制自己的情緒。我步履蹣跚，長途跋涉，只為了取得一點點的收穫。我備受世人的鼓勵，我滿懷期盼，越爬越高，寬廣的地平線已經浮現在我的眼前。每次的抗爭都代表一次勝利。艱苦的努力使我觸摸到輝煌的雲海、湛藍的天空，以及願望的高地。而且，我不總是憑藉一己之力獨自奮鬥。威廉・韋德先生和賓夕法尼亞盲人教育研究所的所長愛德華・艾倫先生，為我找來許多我需要的盲文書籍。他們細緻周到的服務，給予我莫大的幫助，他們對我的鞭策彌足珍貴，已經超越常人的想像。

去年是我在拉德克利夫學院學習的第二年，我學習英語寫作，包括英文版《聖經》、美洲和歐洲各國政治、賀拉斯的抒情詩和拉丁喜劇。其中課堂氣氛最活躍的是寫作課。查爾斯・湯森・科普蘭先生的寫作課總是充滿妙趣橫生、詼諧而睿智的語言，以那個學期而言，我覺得他比其他任何老師教得更好。他讓你領略到的是最純粹和最具震撼力的文學。他可以在一個小時內，讓我陶醉到古代文學大師創造的永恆的美之中，他卻不添加任何多餘的解釋，一切都讓作品本身說話。由此，你會沉醉在作者深邃的思想之中，你會全心全意地陶醉於《舊約》黃鐘大呂般的雷聲之中，以至於忽略耶和華上帝的存在。你走出教室回家的時候，會感覺到已經「窺見精神和外形永恆和諧地結合，真和美在時間的古老枝幹上長出新芽」。

這真是讓人愉快的一年，因為我學習的科目特別合我的胃口，例如：經濟學，伊莉莎白時期文學，還有喬治・基特里奇教授主講的莎士比亞，喬賽亞・羅伊斯教授主講的哲學史。透過學習哲學，一個人可以與那些遠古時代的思想以及其他思想模式產生共鳴。

但是，大學不是我想像的那個萬能的文化古都雅典。在這裡，你不會遇到偉大的靈魂，也不會與智慧面面相對。雖然它們是確實存在的，但是它們似乎已經變成乾枯的木乃伊。在我們確信已經擁有彌爾頓或是以賽亞之前，我們必須要將它們從知識的縫隙中抽取出來，並且對其進行細緻入微的分析，而不僅僅是自作聰明的模仿。在我看來，似乎許多學者都忘記要領略那些偉大的文學作品，深刻的同情應該比理性的分析更重要。不幸的是，他們花費很多精力進行講解，卻沒有在學生的頭腦中留下多少印象。這種講解很快就從我們的心上掉落了，就如同成熟的果實從枝頭墜落一般。這就像雖然我們瞭解一朵花，瞭解它的根和枝，甚至它的整個生長過程，但是我們也許仍然不會欣賞一朵帶著露水的鮮花。

我經常不耐煩地反覆問自己：「何苦要為這些說明和假設費盡心思？」這樣的念頭在我的頭腦中飛來飛去，就像失明的鳥兒無助地在空中撲打著翅膀。對於我們讀過的那些著名作品的精髓，我沒有全盤否定的意思。我反對的只是冗長而讓人困惑的評論，但有一件事情是肯定的：有多少人，就有多少種觀點。像基特里奇教授這樣的學者在闡釋大師作品的時候曾經說過：「大師之作，正如賜予盲人的新視覺。」確實，他把莎士比亞原汁原味地帶到我們的面前，他是把莎士比亞的詩人地位復原如初的先驅，也是帶給我們光明的使者。

然而，有時候我想要把自己準備學習的科目扔掉一半，因為超載負荷的大腦無法消化那些付出很大的代價才得到的知識珍寶。在一天之內閱讀四本或五本不同科目不同語種的書籍，而且不遺漏細枝末節，這顯然是不可能的事情。帶著焦慮不安的心情匆匆閱讀，心裡只想著各種測驗和考試的時候，你的大腦就會變得無所適從，似乎有太多無用的擺設堆在你的面前，如何選擇就成為一個問題。目前，我的頭腦裡就塞滿這些雜七雜八的東西，簡直無法把它整理出頭緒。無論何時，只要我踏入意識王國的領地，就會覺得自己像一頭闖進瓷器店的公牛。成千上萬種零碎的知識就像冰雹一樣，在我的頭腦中四處飛濺，我設法躲過它們的時候，各科論文的鬼怪和大師的精靈就會追趕上來，直到我願意，或是說遷就那些邪惡的意識肆虐橫行！或許，我應該把頂禮膜拜的偶像全部砸碎。

不妨說，各種各樣的考試正是我大學生涯面臨的首要難題。雖然我曾經面對過許多考試，而且每次都把它們打得大敗而回，但是它們總是再次反撲，並且用挑釁的表情大肆威脅。每次到考試的前幾天，我總是拼命地往頭腦裡塞進各種神秘的公式和無法消化的年代資料，猶如強行嚥下那些無法入口的食物，這種時候真是希望自己與書本和科學一起葬身海底，一死了之。

終於，恐懼時刻降臨——考試，如果你覺得自己準備就緒，你實在是搶到一個有利位置，這就是說，你可以在適當的時間召喚到你思想的潛能，進而幫助你向更高的層次邁進。有一種情況是經常發生的，就是任憑你百般召喚也無人理睬。最讓人感到困惑和懊惱的是，就在你需要調動記憶和縝密的鑑別力的時候，它們卻張開翅膀飛得不知去向，真是急得叫人氣死。你千辛萬苦裝到頭腦裡的東西，在這個緊要關頭，卻怎麼也想不起來。

「請對胡斯和他的功績做簡要說明。」胡斯是誰？他做了什麼？這個名字看起來似曾相識。於是，在你儲備的歷史事件中，你上下求索，其過程就像在一個塞滿碎布的口袋中尋找一塊絲綢。這個問題肯定曾經背誦過，似乎就近在眼前，而且那天你回想宗教改革的發端時，還曾經看到它。但是現在它在哪裡？你把頭腦裡記得的東西都翻出來：歷次革命、教會的分裂、大屠殺、各種政治制度……可是「胡斯」這個人在哪裡？你會驚訝地發現，你瞭解的那些事件沒有在試卷上表現出來。失望之餘，你只能攫取知識儲備，還要把你學過的每樣東西悉數查驗。終於，你要找的人就躲藏在一個角落裡，他平靜地沉浸在自己的思緒之中，完全沒有理會自己給你造成多大的災難。

就在此時，監考人員走過來，通知你時間到了。於是，懷著滿腔憤懣，你把思維的殘片踢到角落裡，你的頭腦裡塞滿革命性的計畫——廢除教授們的神聖特權，為什麼他們可以隨意提問，無須經過被提問者的同意？

在本章的最後兩三頁，我使用一些具體化的比喻，可能引起人們笑話。那隻闖進瓷器店裡受到冰雹般襲擊的公牛，還有那個惡狠狠面孔的鬼怪都似乎不倫不類，如今它們都在嘲笑我。啊，讓它們繼續嘲笑吧！我使用的言詞確切地描繪我的心境，因此我對這些嘲笑不屑一顧，我鄭重說明，我已經完全改變對大學的看法。

我在拉德克利夫學院的學習生涯仍然處於起步階段，但是浪漫的光環已然褪去。從浪漫到現實的轉變過程中，我收獲頗豐。可以說，如果沒有實踐經驗，你永遠不會瞭解到事物的真諦。我學到的寶貴經驗之一就是耐心，它告訴我們，我們接受教育，要像在鄉村散步一樣，從容不迫，悠然自得，胸懷寬廣，兼容並蓄。這樣得來的知識就像無聲的潮水，把各種深刻的思想毫無形跡地沖到我們的心田裡。

「知識就是力量」固然正確，但是知識更應該是愉快的。想要擁有知識，特別是廣博、深奧的知識，就要具備去蕪存菁、點石成金的本事。瞭解人類進步過程中的思想和行為，就會觸摸到幾個世紀以來最偉大的人性脈搏，如果一個人無法從這種脈搏中體會到人類崇高的願望，他就是不懂得人類生命的音樂。

第21章

我的閱讀文化

至此，我已經把生活中發生的事件做了簡要描述，可是我沒有向人們展示我對書籍的依賴程度有多麼大。首先，書籍可以帶給人們愉悅和智慧；其次，其他人透過視聽來獲得知識，但是由於我的生活在各個方面都有很大的局限，因此我不得不在書籍之中尋找尚未發掘的新世界。

在我接受的教育中，我對書籍的依賴程度超過其他人，因此我要從我開始讀書的時候說起。我第一次閱讀故事的時間是在一八八七年五月，那個時候我七歲。自此以後，我如饑似渴地攫取任何印有文字的紙張，只要在我「飢餓的指尖」觸及的範圍之內，我都不會放過。但是正如我說過的那樣，在我接受教育的早期階段，我沒有進行有規律的學習，也沒有依照任何原則來閱讀。

起初，我只有幾本盲文書——一套啟蒙讀本、一套兒童故事，還有一本敘述地球的書，書名是《我們的地球》。這是我全部的書庫，但是我讀了一遍又一遍，直到上面的字磨損得無法辨認。有時候，蘇利文老師讀給我「聽」，把她認為我可以瞭解的故事和詩歌拼寫在我的手上。但是我更願意獨自沉浸在閱讀的快感之中，我喜歡一遍又一遍地讀自己喜歡的那些故事。

我第一次去波士頓的時候，才真正開始正式讀書。我被允許每天花費一些時間去圖書館看書，在書架前摸索著走來走去，隨便取閱我可以接觸到的任何圖書。不管書中的文字我可以認識多少，也不管是否可以看懂，我都照讀不誤。讓我著迷的正是那些詞語本身，書的內容反而不在我的考慮之列。

因為我對知識的感知能力十分強大，所以我的很多詞彙和句型都是在那個時候掌握的，雖然對一些詞句的含義不甚瞭解，但是在後來，我開始學習說話和寫字的時候，這些詞句自然地脫口而出，以至於朋友們對我豐富的詞彙量感到驚訝。

在早期的閱讀中，我從來沒有把一本書完整地讀完，直到發現《小公子》這本書的時候，第一次把一本有價值的書讀完。有一天，蘇利文老師發現我在圖書館的一個角落裡翻閱小說《紅字》。那個時候，我大約八歲。我記得她問我是否喜歡珠兒，還向我解釋一些晦澀難懂的詞句。隨後，她對我說，她有一本講述一個男孩經歷的書，保證比《紅字》更有趣。那本書就是《小公子》，她答應接下來的夏天就讀給我聽。但是我們到了八月才開始讀這本書，因為我們剛到海邊時的幾個星期，許多新奇有趣的事情使我忘記這本小說。後來又有一段時間，老師離開我，去波士頓看望朋友。

老師返回的時候，我們做的第一件事情就是開始閱讀《小公子》。我清楚地記得，我們讀第一章時的時間和地點。那是八月裡一個溫暖宜人的下午，我們坐在一張搖擺的吊床上，這張吊床就拴在離家不遠的兩棵松樹之間。

我們吃完午飯以後就立刻把碗盤洗好，為的是盡可能利用整個下午的時間來讀這本小說。我們穿過草地朝著吊床走去的時候，許多蚱蜢跳到衣角上，我記得老師堅持要把這些小蟲子從衣裳上弄乾淨再坐下來，我認為這是一種浪費時間的行為。

吊床上落滿了松針，因為自從老師離開以後，沒有人用過這張吊床。和煦的陽光灑落在松樹上，空氣中瀰漫著松針的芳香，同時夾雜著一股獨特的海洋氣息。在開始讀故事之前，蘇利文老師向我解釋一些我不太理解的背景，而且在閱讀過程中，她也要隨時向我講解生詞。起初，我不懂的生字很多，經常讀一下子就要停下來，但是我瞭解故事情節以後，就急於想要跟上故事的發展，根本顧不上那些生字，對蘇利文老師所做的解釋，我也聽得很不耐煩。

後來，因為過於疲勞，老師的手指再也拼寫不下去了，我卻第一次產生被剝奪心愛之物的沮喪感。於是，我把書抓在手裡，如饑似渴地摸索著書頁，我永遠不會忘記那種急切的心情。

後來，在我的迫切請求下，阿納諾斯先生把這本書製作成盲文。我讀了一遍又一遍，幾乎到達爛熟於心的程度。可以說，《小公子》成為我童年時期最親密的夥伴。我如此不嫌囉唆地講述這些細節，是因為我以前那種不求甚解的讀書態度，和我現在的讀書態度相比，簡直有天壤之別。

在其後的兩年間，我又讀了很多書，這些書都是我在家裡以及在遊覽波士頓期間讀的。具體讀了哪些書，或是在何種狀態下讀的，我已經不記得了。但是我依然記得其中有《希臘英雄傳》、拉封丹的《寓言》、霍桑的《神奇的書》和《聖經故事》、蘭姆的

《莎士比亞戲劇故事集》、狄更斯的《寫給孩子們看的英國史》、《天方夜譚》、《海角一樂園》、《天路歷程》、《魯賓遜漂流記》、《小婦人》、《海蒂》。

這些書都是在一邊學一邊玩的時候讀完的。自始至終，我都懷著強烈的求知欲。當時，我不會對自己讀的書進行研究和分析，我不知道這些書寫得是好是壞，也從來沒有想過它們的寫作風格和作者背景。就這樣，這些書把它們的「財寶」堆放在我的腳前，我欣然接受書籍的饋贈，正如我接受陽光和朋友們的友誼一樣自然。

其中，我最喜歡的是《小婦人》，因為它讓我感到自己和那些視聽正常的健康孩子有一樣的思想感情。

我不怎麼喜歡《天路歷程》，好像沒有把它讀完，我也不喜歡《寓言》。我最初讀拉封丹的《寓言》是英文譯本，只是簡略地讀一遍，感覺這本書還算說得過去。後來，我又讀了法文版本，我發現，無論書中的文字是多麼生動，故事是多麼精彩，我還是不太喜歡。其實，我不反對諷刺性的寓言，只是不贊成由猴子和狼來宣揚偉大的真理。我不知道為什麼會有這種感覺，可能是覺得動物的擬人化表達方式讓我看了很不舒服，讓動物說人話、做人事，總是感覺有些彆扭，因此無心去瞭解其中的寓意。

一般人認為拉封丹的作品帶給我們很高的道德感，但是我認為這種說法是言過其實的。事實上，其作品中最值得回味的地方就是故事的發生動機和其中蘊涵的自戀主張，所有的寓言都傳達出一種思想，即人類的道德感完全來自於自愛，假如用理性來駕馭自愛，幸福一定會到來。但是我認為，自愛是萬惡之源。當然，也許我是錯的，因為拉封丹對人類的瞭解和觀察比我還要豐富。

比較而言，我更喜歡讀《叢林故事》和《我知道的野生動物》這類書。我對動物確實有濃厚的興趣，因為牠們是真正的動物，而不是擬人化的。我愛牠們之所愛，恨牠們之所恨，牠們的滑稽逗趣引得我樂不可支，牠們的悲慘遭遇有時候也會使我流下同情的眼淚。如果說這些作品表達出一種道德觀，我們也會因其過於深奧而無法意識到它的存在。

我對古代的思想心儀已久，古希臘的歷史把我帶入一個神秘的境界。在我的幻想中，異教徒的神祇依舊在世間行走，而且還與人類面對面地交談。我悄悄地在心裡為我愛戴的親人們建造許多聖殿。我知曉而且喜愛所有部族的女神和英雄，以及半神半人怪。不，不能說是所有的神，對於殘忍而貪婪的美狄亞和伊阿宋，我就不喜歡，他們的邪惡是不可饒恕的。我一直覺得很奇怪，為什麼上帝讓他們做了那麼多壞事，然後再懲罰他們。直到如今，我仍然想不出個所以然。就如同書裡說的：神是如此地緘默無語，罪愆訕笑著悄悄爬過「光陰的殿堂」。

《伊里亞德》史詩讓我把古希臘當作天堂，在閱讀原文以前，我對特洛伊的故事就相當熟悉了，因此在我學習古希臘文文法以後，毫不費勁地就對古希臘文的寶藏一覽無餘。其實，對於偉大的詩篇來說，無論用希臘語還是英語寫的，它需要的不是講解員，而是一顆敏感的心。難道不正是有那麼一群好事之徒，透過他們所謂的分析，讓偉大的詩歌變得面目可憎嗎？所以，那些強加於人的艱深晦澀的評論炮製者，應該學習這個簡單的真理！

我很清楚，博學的教授們從《伊里亞德》中發掘的財富要遠勝於我。我不是一個貪婪的人，我甘願接受別人比我更聰明的事實。但是即使擁有淵博的知識，他們卻無法揣摩出恢弘史詩蘊涵的激情。當然，我也揣摩不出來。我讀了《伊里亞德》中最精彩的篇章以後，才有了靈魂昇華的感覺，狹隘侷促的生命才得以釋放，身體的局限已經被我淡忘。我的世界在上升，它浩瀚無邊，橫掃過重重天際！

我對《艾尼亞斯紀》的膜拜雖然稍遜於《伊里亞德》，但它也是我真正喜愛的。我努力不依靠詞典和注釋，獨自來體會這部史詩，並且試圖把自己最喜歡的一些篇章翻譯出來。維吉爾的文筆確實精彩，他筆下的諸神和人類遊走在激情、衝突、憐憫、情愛之間，就如同伊莉莎白時代化裝舞會中的才子佳人。《伊里亞德》中的神祇和人類是歡呼雀躍、縱情歌唱的。維吉爾筆下的人物是柔美靜謐的，好似月光下的阿波羅大理石像。

在書卷之間展翅飛翔，是多麼地愜意啊！從《希臘英雄傳》到《伊里亞德》的旅程雖然不是一朝一夕之功，但是這樣的努力求索會為你帶來無盡的歡樂。

我很早就開始讀《聖經》，雖然那個時候我還不能充分瞭解其中的內容。現在想起來覺得有些奇怪，曾經有很長的一段時間，我竟然對《聖經》中奇妙的和諧毫無感受。

我清楚地記得，在一個細雨霏霏的星期日清晨，因為沒有其他事情可以做，我懇求表姐為我讀一段《聖經》故事。雖然她認為我可能聽不懂，但她還是把約瑟和他的兄弟們的故事拼寫在我的手上。不知道是什麼原因，這個故事沒有引起我的興趣。奇怪的語言和不斷的重複，使故事聽起來顯得很不真實，但那是遙遠的天國裡的事情，不真實也是可以理解的。

結果，還沒有講到約瑟兄弟穿著五顏六色的衣服進入雅各的帳篷裡說謊的時候，我就呼呼地睡著了！我無法解釋為什麼那些古希臘神話會讓我陶醉其中，《聖經》故事卻讓我興趣全無。我在波士頓求學期間，曾經結識了幾個希臘人，他們對其國家歷史傳說的熱愛確實讓我感動。鑑於我沒有見過任何一個希伯來人或是埃及人，因此我不能妄下斷言，宣稱他們只是一些野蠻人，或是說他們民族的故事可能都是編造的，我不能以這種假設來解釋故事無趣的原因。但是說來也怪，我從來不覺得希臘神話無趣。

後來，我又是如何從《聖經》中發現其光輝？這些年以來，我讀《聖經》的時候，心中的喜悅和啟發日漸增長，我喜歡《聖經》勝過其他一切書籍。它帶給我最深切而撫慰的感受，就是「眼目可見之物均屬過眼雲煙，眼目不可見之物實乃永恆」。

但是《聖經》中的很多地方與我的本性相抵觸，因此我是帶著愧疚的心情，迫使自己把這本書從頭到尾讀完。與它強加於我的各種不愉快相比，我不認為我從書中獲得的歷史知識對我是一種補償。

我和豪厄爾斯先生有共同的感覺，都認為應該從《聖經》中清除所有醜惡和野蠻的東西，但是也同樣反對把這部偉大的作品改得毫無生氣，面目全非。

在極其率真而樸素的〈以斯帖記〉中，你會發現某種讓人震撼的情節。還有什麼比以斯帖面對邪惡君王的時候更具戲劇性的場面？她清楚地知道自己的生命繫於對方之手，沒有人可以拯救她。然而，她克服女性的懦弱，在崇高的愛國主義精神的鼓舞下，勇敢地走向她的丈夫，在她的心中只有一個念頭：「如果我死，我就死吧！如果我活著，我的人民都會活著。」

〈路得記〉也屬於這樣的故事，這是一個多麼具有東方情調的故事啊！然而，這些淳樸的鄉下（猶太）人又是多麼難以融入波斯人的首都！路得是如此地善良而忠誠，她和收割者們一同站在起伏的麥田裡的時候，我們都會忍不住對她產生喜愛之情。她無私的高尚情操在那個黑暗殘暴的時代裡，就如同暗夜裡閃耀的一顆明星。路得的愛情，超越互相衝突的宗教信條和根深蒂固的種族偏見的愛情，在全世界都是很難找到的。

在我喜歡的書籍中，當然少不了莎士比亞。我無法確切說出自己是什麼時候開始讀蘭姆的《莎士比亞戲劇故事集》，但是我知道自己最初是以一個孩童的理解力和好奇心來讀莎士比亞的著作。《馬克白》似乎是讓我印象最深的一部作品。這齣悲劇的震撼力，可以讓我永遠記住其中的每一處故事情節。

很長一段時間，書中的鬼魂和女巫總是跑到睡夢中糾纏我。我看見了，確實看見那把劍和馬克白夫人的纖纖素手，可怕的血跡在我的眼前出現，就像那位憂傷的王后親眼見到的一樣。

在《馬克白》之後，我讀了《李爾王》，我永遠不會忘記葛羅斯特的雙眼被弄瞎時的恐怖景象。憤怒攫住我的內心，我的手指不再移動（讀取文字），我怔怔地坐了很久，心在撲通撲通地亂跳，那一刻，我體會到一個孩子胸中可以積蓄的所有憎恨。

回想起來，我一定是在同一個時期認識夏洛克和撒旦，因為在我的意識裡，總會把這兩個人物連結在一起。我記得自己當時還為他們難過了一陣子，我模糊地感覺到，即使他們願意，也不可能成為好人，因為似乎沒有人願意幫助他們，或是給他們一個公平的機會。甚至到現在，我依然無法把他們描寫得十惡不赦。我有時候覺得，像夏洛克、猶大，甚至魔鬼這樣一類人，都是人類「善」的車輪上一根斷掉的車軸，總有一天會修好的。

我第一次讀莎士比亞的時候，就留下那麼多讓人不愉快的回憶，似乎顯得有些奇怪。明快、柔美、充滿幻想的戲劇——也就是我目前最喜歡的戲劇類型——最初沒有讓我留下深刻的印象，或許是因為它們反映的只是一個孩子無憂無慮的生活。

然而，「世界上變幻莫測的東西，無過於兒童的記憶：保持什麼，又丟掉什麼，實在很難預料」。

就像莎士比亞的劇本，雖然我讀過很多遍，並且可以背誦其中的一些片段，但是說不出我最喜歡哪一本。我對它們的喜愛，往往如同心情一樣變化多端。在我看來，短小的民謠和十四行詩可以傳達出與戲劇一樣的神韻。但是另一方面，對莎士比亞的喜愛也增加我閱讀上的困難，因為讀懂評論家和注釋者對每一行詩的闡釋，確實是一項十分勞累的工作。

我曾經努力記住評論家做出的解釋，但是那些蹩腳的評論總是讓我氣惱不已。因此我拿定主意，再也不看這些評論，直到接觸基特里奇教授開設的莎士比亞課，我才知道莎士比亞戲劇的博大精深，在此之前，我不瞭解全世界的莎士比亞戲劇研究。我很高興看到一層又一層的面紗被人掀起，將一個嶄新而美妙的思想王國展現在我的面前。

我對歷史的喜愛僅次於詩歌。我讀了自己可以接觸到的所有歷史著作——從單調枯燥的大事記、更單調更枯燥的年表，到格林著作的公正而生動的《英國民族史》；從弗里曼的《歐洲史》，到艾默頓的《中世紀》。真正使我意識到歷史價值的第一本書是斯溫頓的《世界歷史》，這本書是我十三歲的時候收到的生日禮物。雖然我已經不再認為這本書無懈可擊，但是我仍然把它視為我童年的珍寶之一。

正是透過這些歷史書籍，我瞭解到古代人類如何分散到世界各地，並且建立起巨大的城市；少數專制的統治者如何把一切置於腳下，把千百萬人的生死苦樂繫於一人之手；各個民族如何在文化藝術上，為後人的發展奠定基礎、開闢道路；人類文明如何經歷腐朽墮落的浩劫，然後又像鳳凰一樣死而復生；偉大的聖賢如何提倡自由、寬容、教育，為拯救全世界而披荊斬棘。

在上大學期間，我比較熟悉的是法語和德語的文學作品。德國人喜歡顯示自己的力量，不怎麼講究美，他們探求真理勝過傳統，無論日常生活或是文學創作都是如此。在他們做的每件事情中，大多具有某種澎湃而個性鮮明的激情。他們說話的時候，你不會覺得有何感人之處，這是因為，如果他們沒有為靈魂深處灼熱沸騰的思想尋找到一個出路，他們的心就會爆裂，所以他們不會輕易地使自己滅亡。

我很喜歡德國文學作品中的豐富內涵，我認為德國文學最可貴的，在於它對婦女自我犧牲愛情的偉大力量的承認。這種思想遍及所有的德國文學作品，對其神秘性最深刻的闡釋就是歌德的《浮士德》：

萬物皆短暫，
唯其意象綿綿不絕。

塵世之間，人心不古；
事端頻生，充滿了大地。
亂世難以言說，
所行皆不義。
唯女人之性靈，引領我們邁向天際！

在法國作家中，我最喜歡莫里哀和拉辛。巴爾札克和梅里美的作品很清新喜人，猶如陣陣海風吹來。阿爾弗雷德・繆塞的想像力簡直不可思議！維克多・雨果的才華很讓我佩服，他是卓越的浪漫主義。

雨果、歌德、席勒以及所有偉大民族中的所有偉大詩人，他們都是永恆價值的闡釋者，我的心靈會無比虔誠地追隨他們進入真、善、美的世界。

我如此濃墨重彩地描述自己喜愛的書籍，甚至提到我最喜愛的一些作家，由此你也許會猜想我的閱讀範圍是非常有限的，我選擇書籍的方式也是武斷的，事實上這是一種非常錯誤的印象。

其實，很多作者都有自己獨特的風格值得我欣賞——例如：卡萊爾的粗獷以及其對虛偽的憎厭，華茲渥斯鼓吹的天人合一，胡德的古怪驚人之筆，赫里克的典雅還有他詩歌中飽含的百合花和玫瑰的香味，都對我有深遠的影響；我也喜歡惠蒂埃，因為他具有熱情如火的個性和道德良知。我認識他，對友誼的美好回憶，使我更深刻地感受到其詩歌帶給我的快樂。我也喜歡馬克・吐溫，又有誰會不喜歡他？我想，就連諸神也喜歡他，因為諸神把所有的智慧賜給他，又擔心他變成一個悲觀主義者，所以又在他的頭腦中架起一道愛與信念的彩虹。

我喜歡史考特的不落俗套、潑辣和誠實；喜歡羅威爾，我感覺他的思想就像在樂觀主義的陽光中泛起漣漪，成為歡樂與善意的泉源，有時候帶著一點憤怒，有時候又有同情與憐憫。

一言以蔽之，文學是我的「烏托邦」。在這個領域，我不會被剝奪任何權利，也不存在任何阻斷我與「書籍朋友們」親密接觸的屏障。他們與我娓娓而談，絕無半點為難和不便。

與我學習的東西本身具有的「廣博的愛和高尚的仁慈」相比，我學到的實在微乎其微。

第22章

感受生活

我相信我的讀者們不會從前面的章節中得出這樣的結論——閱讀是我唯一的快樂。

事實上，我的快樂和興趣是廣泛而多樣的。之前，我曾經不止一次地提到，我非常喜愛鄉村以及戶外運動。在我還是一個小女孩的時候，我就學會了划船和游泳。在麻薩諸塞州的倫瑟姆過暑假期間，我幾乎整日住在船上。有朋友來訪的時候，再也沒有什麼可以比帶他們出去划船更讓我快樂的事情。當然，我無法很好地掌握行船方向。在一般情況下，我划船的時候，就會有人坐在船尾為我掌舵。然而，有時候我不需要別人掌舵就自己去划船。我透過辨別水草和睡蓮以及岸上灌木的氣味來掌握方向，這是十分有趣的。我使用的是用皮革捆綁的船槳，這樣就可以把槳固定在槳架上。船槳處於平穩狀態的時候，我可以透過水的阻力來感知航行狀態。用同樣的方式，我也可以說出船在什麼時候處於激流之中。我喜歡與風浪較量一番，讓這艘堅固的小船服從於我的意志和臂力，使它輕輕地掠過波光粼粼的湖面，水波不停地使它上下顛簸。此情此景，實在讓人心曠神怡！

我也喜歡划獨木舟。我想，你們知道我尤其喜歡月夜泛舟的時候，你們一定會莞爾相視。坦白地說，我無法看見月亮爬上松樹的枝頭，一邊悄悄地在天際之間穿行，一邊為路人鋪就發光的小徑。但是，我躺在墊子上，把手放進水中的時候，彷彿看見明亮如同白晝的月光正在拂過，我觸摸到它的衣裳。偶爾，一條大膽的小魚從我的手指之間滑過，一棵睡蓮含羞地親吻我的手指。最常發生的情況是，我們從河灣裡划出來，我就會立刻察覺到周圍開闊的空間。一團明亮的暖意似乎將我圍裹其中，無論這股暖意是來自被陽光曬熱的林木，還是來自水面，我都無法尋覓其蹤。甚至在城市的核心地區，我也會產生這種奇怪的感覺。在風雨交加的日子裡，在漫漫暗夜中，這種感覺經常在不經意間向我襲來，就像是溫暖的嘴唇在我的臉上親吻。

我尤其喜愛的娛樂活動是坐船航行。一九〇一年夏天，我去新斯科細亞省遊覽，那是伊凡傑琳的家鄉——一個美得如同朗費羅筆下的詩歌一樣迷人的地方，盤桓幾日以後，我和蘇利文老師還去了哈利法克斯，在那裡度過這年夏天的大多數時間。我們玩得非常開心，簡直就像進入天堂一般。我們駕船經過貝德福德海灣、麥克納布斯島、約克堡，一直到西北軍駐地，這是一次多麼偉大而光榮的航行啊！到了夜晚，我們會置身在巨大戰艦的陰影下幾個小時，確實是一種愜意而奇妙的感覺。哦，那段時光是何等美好，何等有趣！這些讓人愉快的情景，我永遠不會忘記。

有一天，我們經歷一次驚心動魄的事件。當時，西北軍駐地正在舉行一場賽舟會，參賽船隻來自不同的戰艦。我們隨同眾人一起登上一艘帆船觀看比賽。數百艘小艇來來回回地從我們的身邊穿梭而過，海面上風平浪靜。比賽結束以後，我們掉頭轉航，四散回家，突然一塊黑雲從遠處飄來，雲層越來越多，越來越厚，最後覆蓋整個天空。剎那之間，風大浪急，海上掀起層層巨浪。

我們的小船勇敢地面對狂風的襲擊，鼓起風帆，纜繩緊繃，似乎坐在風頭浪尖之上。很快地，它就在波濤中左衝右突，猛地躍上一個巨大的浪峰，頃刻間就被憤怒的嘶吼聲吞沒。隨著主帆的下落，小船在浪濤中逆風而行。我們奮力地抵禦風浪的侵襲，身體卻被顛簸得東倒西歪。我們的心怦怦直跳，手臂在顫抖，但這是精神緊張的表現，而不是畏懼。因為我們富有冒險精神，我們把自己想像成北歐的海盜，並且相信船長最終可以化險為夷。他是對付風浪的高手，憑藉著堅實的手掌和一雙老練的眼睛，曾經多次駕船穿越風暴。最終我們勝利了，風浪過後，港口中的大船和炮艦向我們升旗致敬，水手們也為這艘小帆船在風暴中的壯舉歡呼吶喊。

最後，伴隨著寒冷、飢餓、滿身的疲憊，我們回到了碼頭。

去年夏天，我在新英格蘭地區一個最迷人、最幽靜的村莊裡，度過一段愉快的時光。可以說，麻薩諸塞州的倫瑟姆是一個幾乎涵蓋我所有喜悅和悲傷的地方。菲利普王湖畔的雷德農莊是錢伯林先生的家，多年以來，這裡也成為我的家。每次想起這裡許多親愛的朋友對我的恩惠，以及我們共同相處的那些快樂時光，我的心裡就會充滿感激。

他們家的孩子與我成為親密的夥伴，為我提供很大的幫助。我們一起玩遊戲，相攜在樹林中散步，在水中嬉戲。我為他們講述精靈和土地神、英雄和狡猾的黑熊的故事，與這些孩子們談天說地，感受他們的快樂，對我確實是一種讓人愉快的回憶。錢伯林先生引導我去探究那些樹木和野花的秘密，後來我竟然可以憑藉著靈感，窺聽到橡樹中樹液的流動，看見陽光揮灑在樹葉上的光輝。那個景象如同這些詩句：

根，即使被封存在暗無天日的泥土中，
依舊會分享到樹冠的喜悅，
而且會想像著陽光、遼闊的天宇以及林間的飛鳥，
自然和諧有序，
我亦順應天地。

在我看來，自從人類出現以來，每個人的內心深處就已經具備感知各種情緒的經驗。在每個人的潛意識裡，都會存留著關於綠色土地和潺潺流水的記憶，即使失明和失聰，也無法剝奪祖先賜予人類的這份禮物。

我們通常會將這種源自遺傳的特質稱之為「第六感」——融合視覺、聽覺、觸覺於一體的靈性。

我在倫薩姆有許多「大樹朋友」。其中的一株十分壯觀的橡樹，是我心中的驕傲。

假如給我
三天的光明

我帶了我所有的朋友去欣賞這棵樹王。

這棵聳立在懸崖之上的大樹，徑直俯瞰著菲利普王湖，那些熟諳樹木知識的人一定會說，這棵樹至少已經有八百或是一千年的歷史。相傳，菲利普王這位印第安人的英雄首領，就是在這棵樹下與世長辭。

我還有另一位「樹友」，是一株生長在紅色農莊庭院裡的菩提樹。與莊嚴的橡樹相比，它顯得相當隨和。在一個雷電交加的下午，我感覺房子的一側似乎受到劇烈的碰撞，即使沒有人告訴我，我也立刻猜出是菩提樹被雷擊倒了。我們走去看這棵承受過無數狂風暴雨的英雄樹，它經歷猛烈的搏鬥而猝然倒下，真是叫人痛心疾首。

我絕對不會忘記我要描述的那個特別的夏天。我的考試剛結束，蘇利文老師和我就急匆匆地趕到這個「綠色幽境」。倫瑟姆有三個很出名的湖，我在其中的一個湖上擁有一間房子。在這裡，陽光普照的一整天都是屬於我們的。關於學院和課業的所有思緒，以及喧囂聒噪的城市生活，全部被這裡的幽深美景滌淨。

然而，我們在倫薩姆仍然可以聽到動盪的世界上發生的所有迴響——戰爭、結盟、社會衝突。我們聽到遙遠的太平洋彼岸正在發生的殘酷戰爭，以及資本家和勞工的鬥爭。

我們還知道，在我們的伊甸園邊界之外，人類正在揮汗如雨地創造歷史，雖然他們本來可以讓自己放個假，但是我們很少留意到這些事情。遲早有一天，世事會像過眼雲煙般在我們的眼前匆匆消逝，此處的湖泊、林木、遍布雛菊的曠野、氣味清新的草地，會延續其永恆的生命。

那些認為人類的知覺都是由眼睛和耳朵傳達的人們會覺得很奇怪，因為我竟然可以分辨出究竟是行走在城市街道上還是鄉間小道上。要知道，鄉間小道除了沒有石砌的路面以外，與城市街道沒有任何區別，但是他們忘記我的整個身體對周圍的環境有感應。

城市的嘈雜和低沉的隆隆聲經常會撞擊我的臉部神經，我可以感覺到看不見的人群踏著永無止息的沉重腳步，刺耳的喧囂慢慢地侵蝕寧靜的心靈。沉重的車輪在堅硬的路面上隆隆輾過，機器發出乏味的鏗鏘聲。對於那些耳目俱全、長年在城市中穿梭往來的人而言，假如不是因為騷動的街道和紛亂的景象轉移他們的注意力，我想，他們一定會被這種單調的噪音逼瘋的。

在鄉村，人們看到的是大自然的傑作，聽到的是自然之音，不必為熙熙攘攘的城市裡那種殘酷的生存競爭而滿心憂慮。我曾經多次訪問那些住在又窄又髒的街道上的窮人，那些衣冠楚楚的上等人心滿意足地居住在豪宅裡，那些貧民在破敗陰暗的公寓裡苟且偷生。每次想到這些，我就會難以抑制心中的激憤之情。窮人家的孩子們擠在汙穢不堪的巷子裡，他們衣不蔽體、食不果腹；在你向他們伸出雙手的時候，他們怯懦地閃退一旁，如同被一陣風吹散。

這些可憐的小生命，他們的身影總是縈繞在我的腦海中，使我不斷地感到痛苦。還有那些男人和女人，同樣地骨瘦如柴、不成人形。我撫摸過他們粗糙的手，深感他們的生存是一場無休無止的抗爭——不斷地混戰、失敗、失望。

在奮鬥和機會之間，他們的生活似乎處於巨大的失衡狀態。我們經常會說，陽光和空氣是上帝賜予所有人的免費禮物。事實真是如此嗎？在城市偏僻而陰暗的街巷中，陽光不見蹤影，空氣也是汙濁的。哦，善良的人們啊，你們怎麼可以對自己的手足弟兄如此冷漠？你們禱告說「感謝主賜予我們今日的飲食」的時候，你們的弟兄卻一無所有！哦，我真是希望人們離開城市，拋開輝煌燦爛、喧囂嘈雜、紙醉金迷的塵世，回到森林和田野，過著簡樸的生活！這樣，他們的孩子們才可以像挺拔的松樹一樣茁壯成長，他們的思想才可以像路旁的花朵一樣芬芳純潔。在城市生活一年之後，我重返鄉間的時候，我不可能不對自己的所見所聞做出深入的思考。

再次感受到腳下鬆軟、濕潤的土地，是多麼讓人高興的事情啊！綠草茵茵的小路會把你帶到蕨草繁茂的溪水邊，在這裡，我可以把自己的手指浸泡在潺潺流水之中，或是我也可以爬過一堵石牆進入草地，然後忘乎所以地翻滾跳躍！

除了從容散步以外，我還喜歡騎雙人自行車四處兜風。涼風迎面吹拂，鐵馬在胯下跳動，真是愜意極了。迎風快騎使人既感到輕快，又感受到力量的喜悅，讓人飄飄然。

只要有可能，我的狗兒都會陪我一起散步、騎車、航行。我有很多狗兒朋友——體型碩大的獒犬，長著一對溫柔眼睛的西班牙長耳犬，還有頑皮聰明的塞特犬和忠誠樸實的鬥牛犬。現在，我最喜愛的鬥牛犬是一條純種狗，牠的尾巴捲曲、臉相滑稽，非常逗人喜愛。這些狗兒朋友似乎瞭解我生理的缺陷，我獨自一人的時候，總是寸步不離地依傍著我。我喜歡牠們那種親暱的樣子，以及富於表情的搖尾動作。

每當雨天把我困在家裡的時候，我就會像其他女孩們一樣，找一些有趣的事情做。我喜歡用鉤針做一些縫紉；我會以逍遙自在的方式瀏覽書籍，這裡看一行，那裡看一行；我也可以與朋友下一盤跳棋或是西洋棋。我有一個專用木板棋盤，棋盤上的方格子都被重新雕琢過，這樣棋子就可以牢固地立在上面。黑棋子是扁平的，白棋子頂上是彎曲的。每個棋子的中間有一個洞，可以放一個銅製的圓頭，以區分國王和其他棋子。西洋棋的棋子大小不一，白棋比黑棋大，這樣下完一著之後，我可以用手撫摸棋盤以瞭解對方的計謀。把棋子從一個方格移到另一個方格會產生震動，我就可以知道什麼時候輪到我走棋了。

如果遇到孤身一人而且無所事事的情況，我就會興致盎然地玩一局單人紙牌遊戲。在我使用的紙牌右上角都印有盲文標記，以此可以顯示紙牌的大小。

如果有小孩子在身邊，再也沒有比與他們嬉戲更讓我高興的事情。我發現即使是最小的孩子，也可以成為我的好夥伴，而且我可以很榮幸地說，孩子們都喜歡和我一起玩。他們會帶著我四處走動，還會把他們感興趣的東西指給我看。很小的孩子無法用手指拼字，但是我可以用唇語來弄明白他們說的話。有時候，唇語也無法弄明白他們說的話，他們就會求助於手勢。有時候，我難免會誤解他們的意思，做出錯誤的事情，他們就會哄然大笑，於是默劇就要再次從頭做起。我經常對他們說故事，教他們玩遊戲，我們在一起玩得非常高興，不知不覺時間就溜走了。

博物館和藝術品商店是帶給我快樂和靈感的另一個泉源。很多人都覺得難以理解——在冷冰冰的大理石雕像面前，不憑藉視覺，只依靠觸摸，就可以「看到」它的形態、情感、藝術魅力，這可能嗎？事實上，我確實從觸摸偉大藝術作品的過程中獲得無上的快樂，這一點是確鑿無疑的。我的指尖摸索著起伏的線條時，它們自會發現藝術家作畫時的想法和激情。我可以從撫摸神話英雄雕像的臉中，感覺到他們的愛和恨，以及他們的英勇性格。正如我可以從允許我撫摸的活人臉上摸出他們的情感和品格一樣，我從黛安娜雕像的神態上，體會到森林中的秀美和自由，感覺到那種足以馴服猛獅、抑制最強烈欲望的精神。維納斯雕像的安詳和優雅，使我的靈魂充滿喜悅；巴雷的銅像向我展示叢林的秘密。

我書房的牆壁上懸掛著一尊荷馬的圓形浮雕，雕像掛得很低，因此我伸手就可以觸摸到荷馬那張優美而悲傷的臉。雕像有莊嚴的面目表情，我對臉部的每根線條都瞭若指掌——生命的軌跡，掙扎的苦澀和憂傷；在冰冷的灰石中，他那雙盲眼仍然在為他心愛的希臘尋求光明與藍天，然而結果總是歸於失望。他美麗的嘴角，堅定、忠實而柔美。這是一個詩人的臉龐，一張飽經憂患的臉。哦，我是多麼理解他的失明之痛啊——與之相伴的，唯有永恆的黑夜：

哦，黑暗，黑暗，黑暗，被正午的光輝圍裹，
無可挽回的黑暗，遮天蔽日，
將人間的所有希望摒棄！

我彷彿聽見荷馬在歌唱，跌跌撞撞，步履蹣跚，從一個營帳行吟到另一個營帳——

他歌唱生活，歌唱愛情，歌唱自由，歌唱一個英雄民族的光輝事蹟。這首歌奇偉雄壯，使這位盲詩人贏得不朽的桂冠和萬世的景仰。

我有時候也想要知道，在感知雕塑品的藝術魅力方面，手是否真的比不上眼睛的敏銳。我個人認為，相對於視覺而言，手更可以察覺到雕塑線條的韻律感和其內在的微妙變化。不管是否如此，從希臘的大理石神像上，我可以察覺出古希臘人情緒的起伏波動。

我的另一個很特別的愛好就是去劇院看戲。大幕拉開，戲劇在舞台上展開——真實劇情帶給我的享受遠非閱讀劇本所能企及，因為動盪起伏的故事情節會讓你產生身臨其境的感覺。我曾經有幸會見過幾位著名的演員，他們的演技高超，使我忘卻此時此境，把我帶到浪漫的古代。愛蘭·黛麗小姐具有非凡的藝術才能，有一次，她正在扮演一位我們心目中理想的王后，我被允許撫摸她的臉和服飾；我可以感受到她賦予角色一種莊嚴的神聖感，以及抑制無盡悲傷的高貴氣質。站在她身邊的是亨利·歐文爵士，他穿著象徵王權的袍服，舉手投足之間，無不流露出君王的雄才大略，含而不露的王家威儀銘刻在他臉部的每個紋路上。在國王的臉上，我似乎摸到一副面具，那種冷漠而難以解讀的憂傷，讓人終身難忘。

我還認識傑弗遜先生，為有他這個朋友而引以為傲。每當我到一個地方，如果他正好在那裡演出，我總要去看望他。我第一次看他的表演是在紐約上學的時候，當時他正在演出的戲碼是《李伯大夢》。我曾經讀過這個故事，可是我從來不覺得李伯慢條斯理、奇特而友善的行為方式有什麼過人之處。傑弗遜先生優美動人、極具悲劇意味的表演，立刻抓住我的心。我的手指上「保留著」一幅「老李伯」的畫像，我永遠不會失去它。演出結束之後，蘇利文老師帶我去後台看望傑弗遜先生，我在那裡用手撫摸他奇特的服裝、平滑的頭髮和鬍鬚。傑弗遜先生讓我摸他的臉，這樣我就可以想像，他從離奇的二十年沉睡中醒過來的時候是什麼樣子，他還表演給我看，可憐的老李伯如何搖搖晃晃地站起來。

我還在《宿敵》中看過他的表演。記得有一次，我曾經在波士頓拜訪他，他特別為我表演《宿敵》中最精彩的情節。我們見面的會客廳被當作一個臨時舞台，他和他的兒子坐在一張大桌子旁邊，鮑伯・阿克斯書寫著他的戰表。我用手觸摸他的每個動作，完全領略到他手忙腳亂的那種滑稽可笑，如果不是看他表演而是由別人把故事拼寫給我聽，那是完全無法體會到的。接著，他們開始你死我活地決鬥起來，兩把劍你來我往，迅疾非凡，後來可憐的鮑伯心慌意亂，逐漸敗下陣來。然後，這位偉大的演員猛地拉下自己的戰袍，雙唇止不住地抽搐。轉瞬之間，我就置身在瀑布中，而且觸摸到施奈德毛髮蓬鬆的頭抵著我的膝蓋。

傑弗遜先生背誦《李伯大夢》中的精彩對白，這是一段笑中含淚的感人情節。他詳盡地向我介紹手勢和形體應該步調一致的舞台表演經驗。當然，我對戲劇動作一竅不通，只好胡亂憑藉著猜想說了幾句；然而，憑藉他精湛的演技，他把動作和台詞結合得很好。李伯嘟囔著說「一個人離開家，就這麼快地被人們遺忘了嗎」發出的一聲長歎，在經歷長眠之後，他懷著失魂落魄的心情尋找自己的狗和獵槍，而且他猶豫不決地與德瑞克簽訂合約的舉動也十分可笑——所有這些，似乎都脫離生活本身的意義。換句話說，理想的生活狀態，應該是依照我們認定的方式而發生的。

我仍然清楚地記得第一次看戲的情景。那是十二年以前的事情，卻宛如在昨日。兒童演員艾西・萊斯里正在波士頓，蘇利文老師帶我去看她演出的《王子與乞丐》。我永遠不會忘記這齣感人的話劇，尤其是悲喜交加的劇情和兒童演員的精彩表演。演出結束以後，我被允許到後台看看她的王家裝束。我必須說，你很難找到一個像萊斯里這麼惹人喜愛的孩子，尤其是她面帶微笑，頂著一頭如雲般飄逸垂肩的金髮默默佇立的時候，你更會感到妙不可言。她絲毫沒有流露出膽怯或是疲憊的跡象，儘管她面對的是台下的許多觀眾。那個時候，我剛開始學說話，之前我反覆練習說她的名字，直到後來可以清楚地說出她的全名。她聽懂我說出的幾個字，並且立刻愉快地伸出手來歡迎我的時候，我高興得幾乎要跳起來。

因此，難道不可以這樣說——我的生命正是帶著它所有的局限性，從許多角度來感受世間萬物之美的嗎？每種事物都有它的神奇之處，即使像黑暗和寂靜這樣的事情也不例外。而且，我已經領悟到生活的真諦，所以無論身處何境，我都會欣然面對。

確實，有時候孤獨感就像冷霧一樣籠罩著我，我好像在一扇緊閉的生活之門外面獨自坐著等待。門裡有光明、音樂、溫暖的友誼，但是我進不去。冷酷的命運之神，無情地擋住大門。於是，我不得不對它（命運）專橫的詔令質疑，因為我仍然有一顆恣肆昂揚而充滿激情的心。但是，我的舌頭不會發出苦難的聲音。徒勞的話語到達嘴邊的時候，它們就會像尚未流出的眼淚一樣，再次退卻到我的心房，無邊的寂靜壓在我的心頭。此時，希望就會微笑著竊竊私語：「喜悅存在於忘我之中。」因此，我要把別人眼睛看見的光明當作我的太陽，別人耳朵聽見的音樂當作我的樂曲，別人嘴角的微笑當作我的幸福。

第23章

刻在我生命中的人們

我之所以不惜筆墨地提到很多人的名字，是因為他們曾經帶給我無盡的快樂。其中一些人已經被記載在文獻中，並且成為世人矚目的焦點。還有一些人完全不為我的讀者所知，雖然他們默默無聞，但是他們積極而崇高的生活態度，對我的影響是永恆的。他們如同許多首優美的詩歌那樣打動人，和他們握手的時候，我會洋溢著一種不可言喻的幸福感。他們幽默有趣的性格，使我們焦躁不安的心變得寧靜，使曾經煩擾我們的憤怒和憂慮被一掃而光，讓我們一覺醒來耳目一新，重新看到上帝真實世界的美麗與和諧。

那些充斥我們每日生活的瑣碎平庸，剎那之間化成了神奇。一言以蔽之，有這類朋友相伴左右，我們就會感到無比充實。也許我們以前從來沒有見過他們，而且萍水相逢過後，他們可能再也不會與我們相遇。但是，他們沉靜而成熟的氣質會對我們產生深遠的影響，我們所有的不愉快都會隨著他們敬拜天地的杯中酒一飲而盡。

時常有人問我：「有人使你覺得厭煩嗎？」我不太瞭解他的意思。我想，某些有過多好奇心的蠢人，尤其是新聞記者，經常是不討人喜歡的。我也不喜歡那些對我的理解力品頭論足的人，他們在和你一起走路的時候，總是試圖縮短自己的步幅，只為了迎合你行走的速度。事實上，這兩種人表現出來的虛偽和誇張讓我同樣反感。

我接觸到的各種各樣的手可以說明問題。其中，有一些手的觸摸是傲慢而無禮的。我曾經遇到一些相當缺少快樂的人，我緊緊握住他們冷若冰霜的指尖時，我的感覺就像正在與一場來自東北的暴風雪握手一樣。

另一些人活潑快樂，他們的雙手似乎存有陽光的餘溫，所以與他們握手可以溫暖我的心。也許只有小孩子的手才會抓住你不放，因為他們對你有一種強烈的信任感，我可以感覺到，小孩子的手中為我儲藏大量的陽光，正如他們為別人預備充滿愛意的眼神一樣。總之，我從一次熱情的握手或是一封友善的來信中，感到真正的快樂。

我有許多相隔萬里而從未謀面的朋友。他們為數眾多，以至於我無法回覆他們的來信，但是我願意在此重申，對於他們情真意切的話語，我始終心存感激，雖然我對他們知之甚少。

我非常榮幸可以認識許多天才人物，並且與他們一起交談，例如：布魯克斯主教。只有瞭解布魯克斯主教的人，才可以領略與他交友的情趣。我還是一個孩子的時候，就喜歡坐在他的膝上，用我的一隻小手緊緊握住他的大手，另一隻手上由蘇利文老師拼寫他生動有趣地對我說的上帝和精神世界的事情。我帶著小孩子的好奇和喜悅，聽他娓娓道來。雖然我的精神境界無法達到他那樣的高度，但是他確實讓我領悟到什麼是真正快樂的生活。在我成長的過程中，如果沒有他的悉心教誨，我不會瞭解傑出思想的魅力和其深邃的內涵。

有一次，我迷惑地問他為什麼世界上有那麼多的宗教，他說：「海倫，有一種無所不在的宗教——就是愛的宗教。以你的全心全意去愛上帝和上帝的每個子女，同時記住，惡的力量不如善的力量強大，進入天堂的鑰匙就在你的手裡。」事實上，他的生活正是這種偉大真理的完美寫照。在他崇高的博愛思想和廣博的學識之中，已經被深深地融入信仰的力量。他讓人們感到在人類爭取解放和自由的過程中，上帝無處不在。在所有卑微者的面前，上帝會施予傷者愛的援手。

布魯克斯主教從未教導我什麼特別的信條或是教義，但是他把兩個偉大的思想銘刻在我的腦海裡，一個是上帝是萬物之父，一個是四海之內皆兄弟，並且使我感到，這是所有信條和教義的基礎。上帝是愛，上帝是我們的父親，我們是他的孩子。擁有這樣的信念，即使是最黑暗的烏雲也會被吹散，而且這裡不會有罪惡與不義的容身之地。

我在這個世界上生活得很快樂，很少想到身後之事，只是難免會想起幾位好朋友的在天之靈。歲月如梭，雖然他們離開世間已經很多年，但是彷彿依然與我近在咫尺，如果他們什麼時候拉住我的手，像從前一樣親暱地與我交談，我絲毫不會感到驚訝。

自從布魯克斯主教去世以後，我通讀了整部《聖經》，還有其他一些宗教哲學著作，其中包括史威登堡的《天堂與地獄》和德拉蒙德的《人類的崛起》，可是我發現，與布魯克斯主教「愛的信念」相比，這些人信奉的信條或是教理無法讓人們獲得心靈上的滿足。

我還有幸結識了亨利・德拉蒙德先生，他熱情而有力的握手讓我感激不已。他是我認識的人之中，待人最熱誠的一個朋友，他每個毛孔都熱力四射。他的知識如此廣博，性情又如此和善，只要他在場，你絕對不會感到沉悶。

我清楚地記得第一次見到奧利佛·溫德爾·霍姆斯博士的情景。那是在一個星期日的下午，他邀請我和蘇利文老師去他家做客。那是初春時節，我剛學習說話。進門以後，我們就被帶進他的圖書室，他坐在壁爐旁邊的一張扶手椅上，爐火熊熊，柴炭劈啪作響，他說自己正在沉湎於對往日的回憶之中。

「還在傾聽查爾斯河的潺潺流水。」我試探著說。

「不錯，」他回答，「我與查爾斯河的關係可是親密無間。」房間裡有一股油墨和皮革的味道，這裡顯然到處都是書，於是我不由自主地伸手摸索。我的指尖無意中落在丁尼生的一部詩集上，蘇利文老師把詩集的名字告訴我以後，我就開始背誦：

啊！大海，撞擊吧，撞擊吧，

撞擊你那些灰色的礁石！

但是我突然停下來，我感覺到有淚水滴在我的手上。這位可愛的詩人竟然聽得哭了，我覺得頗為不安。他讓我坐在他的扶手椅上，拿來各種有趣的東西讓我鑑賞，我答應他的要求，朗誦《背著房間的鸚鵡螺》，這是我當時最喜歡的一首詩。後來，我又多次見到霍姆斯博士，我從他的身上不僅學到詩，也學到愛。

在會見霍姆斯博士不久之後的一個陽光明媚的夏日，我和蘇利文老師在「梅里馬克」號上拜訪惠蒂埃先生。他溫文爾雅的舉止和不俗的談吐，贏得我的好感。他曾經出版一本盲文印刷的詩集，我選讀其中的一首《校園時光》。他驚訝於我的讀音是如此準確，還說理解起來毫無困難。我問他許多關於這首詩的問題，把手放在他的嘴唇上「聽」他的回答。他說，那首詩中的男孩就是他自己，女孩的名字叫莎莉，還有其他的一些細節，我已經記不太清楚了。我還為他背誦《榮耀歸於上帝》，我吟誦到最後的詩句時，他把一個奴隸的雕像放在我的手中，奴隸身體蜷曲，腳踝拴著腳鐐，就像剛被天使從監獄中解救出來的樣子——奴隸一下子癱倒在彼得的翅膀之下。後來，我們走進他的書房，他不僅為蘇利文老師親筆簽名，還向她表達欽佩之意。他對我說：「她是你靈魂的拯救者。」最後，他帶我來到門口，並且輕柔地吻了我的額頭。我答應第二年夏天再來看望他，可是沒有等到我履行諾言，他就去世了。

愛德華・埃弗里特・海爾博士是與我交往時間最久的朋友之一，我八歲的時候就認識他。隨著年齡的增長，我對他的敬意也與日俱增。每當苦難和悲傷降臨的時候，他的智慧和同情心給我和蘇利文老師強而有力的支持。而且，不僅僅對我們，他對任何處境困難的人都是如此。他用愛給舊的教條賦予新義，並且教導人們如何信仰、如何生活、如何求得自由。他不僅積極言傳，而且以身作則，愛上帝，愛最窮苦的同胞，不斷追求上進。他宣傳鼓動，又身體力行，願上帝祝福他！

在之前，我已經描述過我與貝爾博士初次會面時的情景。自那以後，我又在他華盛頓的家中度過很多愉快的日子。他美麗的家坐落在布雷頓島海角的腹地，毗鄰巴德克，這個小村因為被查爾斯・達德利・華納寫進書裡而聞名。在貝爾博士的實驗室裡，在布拉多爾湖邊的田野上，我安靜地聽他講述自己的實驗，心中充滿了喜悅。我還幫他放風箏，他希望以此可以發現未來飛船的飛行規律。

貝爾博士不僅精通各類學科，而且具有把那些知識化腐朽為神奇的本事，即使是最深奧的理論，他也可以輕鬆破解。與他在一起，你不禁會產生這樣的感覺，假如你只有有限的一點時間，你也有可能成為一個發明家。他幽默而富有詩人的氣質，他對兒童滿懷愛心，手裡抱著一個聾啞的孩子，是他最高興的事情。他為聾人做出的貢獻會留存久遠，並且造福後世的孩子們。他個人的成就，以及在他的感召下別人做出的成就，都同樣值得我們讚歎。

我在紐約生活的兩年裡，曾經有很多機會與那些耳熟能詳的著名人物交談，但是我絕對不會去刻意求見他們。他們之中的很多人在與我見過一次面以後就成為好朋友，例如：勞倫斯・赫頓先生。我曾經十分榮幸地拜訪他和他賢慧的夫人，還參觀他家的圖書館，並且讀到他的天才朋友們寫給他們夫妻的留言，這些留言飽含感情，不乏真知灼見。你確實可以這樣說，赫頓先生有一種可以喚起每個人的內心深處美好思想情操的本領，真是一點也不錯。你不必為了瞭解他而去讀《我認識的一個男孩》——他是我認識的人之中，胸懷最坦蕩、待人最寬厚的一個，是一個可以同患難共歡樂的朋友，他不僅與別人相處是這樣，就是對待狗也是充滿了愛心。

赫頓夫人也是那種患難見真情的朋友。我被濃濃的友情包圍，我擁有最珍貴的禮物，這一切都要歸功於她。她不遺餘力地對我諄諄教誨，而且幫助我完成大學的學業。每當我在學習中身處困境而心灰意冷的時候，她就會寫信鼓勵我，讓我重新燃起鬥志。從她的身上，我們學到一個真理——只有克服眼前的困難，下一步的路途才會變得平坦易行。

赫頓先生介紹我認識他的許多文學界的朋友，其中最著名的有威廉・迪恩・豪威爾斯先生和馬克・吐溫先生。我還見到理察・華森・吉爾德先生和愛德蒙・克拉倫斯・史特曼先生。

查爾斯・達德利・華納先生是最吸引人的小說作家，也是我最喜愛的友人。他有無比深切的同情心，愛人如己。

記得有一次，華納先生帶我拜會可敬的「林地詩人」——約翰・巴勒斯先生。在我看來，他們都是心地善良而富於同情心的人，他們的人格魅力正如他們筆下的散文和詩歌一樣，散發著璀璨的光芒。我無法與這些文學大師講經論道，尤其是他們在不同的話題之間縱橫捭闔，或是辯論正酣、妙語連珠的時候。我就像阿斯卡尼厄斯步履蹣跚地跟在英雄父親艾尼亞斯身後一樣，只能勉強跟上他們的思維，不敢有半點鬆懈。

他們還對我說過許多至理名言。吉爾德先生向我講述他如何在月夜穿過沙漠向金字塔進發，他在給我的信上，特地在簽名的下面做出凹下去的印記，以便我可以輕鬆摸出來。海爾博士也有他私人的問候方式，他會把落款簽名用盲文刺在紙上。我還透過觸摸馬克・吐溫先生的嘴唇，「閱讀」他的一兩篇小說。馬克・吐溫有自己獨特的思考方式，無論說話做事都是個性鮮明。我在與他握手的時候，甚至可以感覺到他的眼中炯炯有神的閃光。他用一種難以形容的滑稽聲調進行諷刺挖苦的時候，你可以感覺到他的心靈就是一個人道主義的伊里亞德的化身。

在紐約的時候，我同樣遇到許多有趣的人物，例如：瑪麗・梅普斯・道奇夫人，就是那位可愛的《聖・尼可拉斯》雜誌社的編輯；還有里格斯夫人（即凱特・道格拉斯・威金），她是《帕齊的故事》一書的作者。她們送給我頗富情意的禮物，包括反映她們思想的書籍、暖人心窩的信函，以及一些照片，這些我都樂意一遍又一遍地向人們介紹。但是由於篇幅所限，無法盡述所有的朋友，事實上，他們許多高尚純潔的品格，絕非筆墨所能充分表達。

我應該在這裡提到我的另外兩個朋友。一位是匹茲堡的威廉・蕭夫人，我經常去她在林德赫斯特的家做客。她為人熱情，總是做一些讓人開心的事情。在與她交往的這些年裡，她的循循善誘和從未間斷的慷慨援助，讓我和蘇利文老師永生難忘。

另一位朋友也是讓我受益匪淺。他強而有力的企業領導才能讓他聲名遠揚，他英明果斷的才幹博得所有人的尊敬。他對每個人都很仁慈，慷慨好施，默默行善。由於他的地位，照理說，我不應該談到他。但是應該指出的是，如果沒有他的熱情幫助，我不可能上大學（根據海倫的描述，這位神秘的贊助人應該是當時最有影響力的金融家J・P・摩根先生）。

不妨這樣說，正是我的朋友們成就我的生命和人生。他們想盡辦法，把我的缺陷轉變成一種榮耀的特權，使我在厄運投下的陰影裡，依然可以坦然而快樂地前進。

假如給我三天的光明

Three Days to See

假如給我
三天的光明

我們每個人應該都讀過讓人激動的故事，故事中的主角已經快要走到生命的盡頭。這段時間裡，有時候感覺度日如年，有時候感覺一年短如一日。我們經常喜歡去探索那些將死的人怎樣度過他們的最後時光。當然，我是指那些有選擇權的自由人，並非指那些活動範圍受到嚴格限制的犯人。這樣的故事對我們很有啟發，可以讓我們知道在同樣的情況下應該怎麼做。作為一個垂死的人，我們應該用怎樣的行為、怎樣的經歷、怎樣的聯想，去度過最後的幾個小時？在回顧過往一生的時候，我們將會找到哪些是幸福、哪些是後悔。

有時候，我會這樣想，雖然我今天是活著的，但是明天卻可能會死去，這或許是一個好習慣，這樣的想法使生活顯得特別有價值。我們每天的生活應該過得從容不迫，朝氣蓬勃。當然，也有一些人一生只知道吃喝玩樂，但是多半的人在知道死神即將到來的時候，反而不會再這樣想。

在那些故事裡，即將死亡的主角經常在最後的時刻，因為幸運忽至而得救，也因為這樣，他從此以後改變自己的生活準則，比之前更明確生活的意義和它永久神聖的價值。我們經常可以看到一些人，他們生活在死亡的陰影之下，卻認真地做著每件事情。

但是，還有很多人卻把生活看作是理所當然的事情。雖然我們知道死亡會有來臨的那一天，可是我們總是以為那一天是很遙遠的。我們年輕強壯的時候，死亡好像是不可思議的，我們也很少想到它，日子好像永遠過不完似的。所以，我們總是把時間浪費在微不足道的瑣事上，絲毫沒有察覺這樣對待生活實在是太消極了。

不僅如此，想必我們對自己所有感官和意識的使用，也是同樣地冷漠。只有聾子明白聽力的價值，只有盲人知道可以看見事物所帶來的樂趣。這種看法尤其適用於那些在長大以後才失去視力與聽力的人。然而，那些從未體會過失去視力和聽力痛苦的人，卻很少充分使用這些幸福的官能。他們的眼睛和耳朵模糊地看著和聽著周圍的一切，心不在焉，也漠不關心。人們對於自己擁有的東西經常不太珍惜，等到失去的時候才體會到它有多麼重要，就像我們病得很嚴重的時候，才體會到身體健康的幸福。

假如給我
三天的光明

我經常會這樣對自己說，如果每個人在少年的時候經歷一段盲人和聾子的生活，將是非常有意義的事情：黑暗會使他更珍惜光明，寂靜會讓他更喜歡聲音。

我經常試著去問我那些視力好的朋友看到了什麼。

有一次，我的一位好朋友來看我，她剛從森林裡散步回來，我問她看到了什麼。她回答：「沒有看到什麼特別的東西。」如果我沒有聽過這樣的回答，一定會對它表示懷疑，但是現在我不疑惑，因為我已經知道，眼睛看不見什麼特別的東西。

我們會覺得奇怪，在森林裡漫步一個多小時，卻沒有發現什麼值得注意的東西，這怎麼可能？我這個有目不能視的人，僅僅依靠觸覺就可以發現許多有意思的東西。我感覺到一片嬌嫩葉子的勻稱，我愛撫地用手摸著銀色白樺樹光滑的外皮，或是松樹粗糙的表皮。春天，我懷著希望在樹枝上尋找新生的嫩芽，尋找大自然冬眠以後的第一個標記。我感覺到鮮花可愛的、天鵝絨般柔軟光滑的花瓣，並且發現它奇特的捲曲。大自然就這樣向我展現千奇百怪的事物。如果運氣好，我把手輕輕放在一棵小樹上，就可以感受到小鳥放聲歌唱時的歡蹦亂跳。我喜歡清涼的泉水從張開的指間流過的感覺。對我來說，芬芳的松葉地毯或是輕軟的草地，比最豪華的波斯地毯更舒服；四季的更替交疊，就像讓人永遠期待又永不停息的戲劇一樣，我透過指尖的感觸感受戲劇的情節。

有時候，我在心裡吶喊著，讓我看看這一切吧！因為只是摸一摸就已經讓我感受到如此巨大的快樂，如果可以看到，又會是多麼讓人高興啊！但是，那些可以看見世界的人卻什麼也看不到，那些讓整個世界絢麗多彩的景色和世界上各種千姿百態的表演，都被他們認為是理所當然的事情。

人類就是這樣，往往看不起我們已經擁有的東西，只望著那些我們沒有的東西。在光明的世界裡，將擁有視力這件事情只當作是方便生活的方式，卻不當作是充實生活的方式，這是非常可惜的。如果我有幸可以成為一所大學的校長，我會設立一門必修課「怎樣使用你的眼睛」。教授應該啟發他的學生，如果學生們可以真正看清那些在他們面前不被注意的事物，他們的生活就會增加豐富多彩的樂趣。教授應該盡全力去喚醒學生們身上那些懶散的、正在處於睡眠狀態的官能。

或許我可以想像一下，如果我有三天的時間用眼睛去看東西，我最希望看到什麼？

假如給我三天的光明

我想，我在想像的時候，你們也應該思考這個問題，假如你只有三天的時間可以看到東西，你會怎樣使用你的眼睛？你最希望看到的是什麼東西？假如你知道，第三天黑夜來臨以後，太陽永遠不會再從你的面前升起，你會怎樣度過短暫又寶貴的三天時間？

當然，我最希望看到的，是那些在我的黑暗年代讓我感覺最親切的東西。你也會希望長時間地看著那些讓你感覺最親切的東西吧！因為這樣，你就可以把對它們的印象帶到黑夜裡，永遠不會忘記。

如果有一天奇蹟出現，我可以有三天睜眼看東西的時間，然後再讓我回到黑暗的世界裡，我會把這三天分為三個階段。

第一天

第一天，我希望看到那些善良、溫和、友善的以及讓我的人生變得有價值的人們。

首先，我用很長的時間凝視著我親愛的教師——安妮・蘇利文・梅西夫人的臉。我還是一個孩子的時候，她就來到我家，是她向我展示一個外面的全新世界。我不僅看她臉部的輪廓，為了將她牢牢地放進我的記憶，我還要仔細研究那張臉，並且從中找出同情、溫柔、耐心的形跡，因為她就是憑藉這些來完成教育我這個困難的任務。我要努力從她的眼睛裡看到使她堅定面對困難的堅強毅力，以及她經常向我流露出的對於人類的同情心。

我不知道如何透過「心靈的窗戶」——眼睛去探索一個朋友的內心世界，只能用指尖的觸碰去感覺一張臉的輪廓。我可以感受到高興、悲傷和許多其他明顯的表情。我瞭解我的朋友們，都是透過摸他們的臉。但是只憑藉著摸，我無法準確說出他們的個人特徵。想要瞭解他們的個性，還要透過其他方面，例如：透過他們對我表達的想法，以及他們對我顯示的所有行為。但是此刻，我不想瞭解那些我深知的人，只是想要看見他們，看見他們對各種想法和環境的反應，進而捕捉到他們的眼神和表情在瞬間做出的反應。

我很瞭解我身邊的朋友，因為經過多年的接觸，他們已經向我顯示自己的各個方面。但是，對於那些只有一面之緣或是不常接觸的朋友，我只有一個不全面的印象，這個印象是從每次的握手中，我用指尖去理解他們的嘴唇發出的字句，或是他們在我的手掌輕輕劃下來而獲得的。

對你們這些視力好的人來說，想要瞭解一個人就容易得多了。你們只要看到對方微妙的表情、肌肉的顫動、雙手的搖擺，就可以很快抓住這個人的基本特點。然而你是否想過，要用你的視力看出一個朋友或是熟人的內在特質？難道大多數擁有視力的人們不也是只隨便看到臉孔的輪廓嗎？不也是到此為止沒有進展嗎？

舉一個例子，你可以準確地形容出五個好朋友的面孔嗎？有些人或許可以，但是我想多數人是說不出來的。這個結論是根據我以往的經驗而得出，我以前問過許多結婚很久的男人，他們妻子的眼睛是什麼顏色，這些丈夫們經常窘態畢露，只能老實承認他們不知道。順便提一句，妻子們也總是在抱怨她們的丈夫沒有注意到自己換了新衣服和新帽子，以及她們改變的房間布置。

我們經常以為視力正常的人可以很快地習慣周圍的環境，但是事實上他們可以注意到的，只是那些驚人的和壯觀的景象。然而，即使在觀看最壯觀的景色時，他們的眼睛也是懶散的。法庭的記錄每天都顯示「眼睛的見證」是多麼不準確。一件事情被許多人從許多不同的方面看到。有些人比別人看得更多一些，但是很少有人可以將自己視力範圍內的一切都看在眼裡。

如果我可以重新獲得光明，可以有三天的時間看見東西，我應該看什麼東西？

第一天會是一個緊張的日子。我要把我所有親愛的朋友們叫來，仔細地看著他們的臉，將他們的外貌特徵深深印在我的心裡。我還要看一個新生嬰兒的面孔，這樣我就可以看到一種沒有經歷過生活鬥爭的、有生氣的、天真無邪的臉。

我還要看看我那群讓人信任又忠誠的狗的眼睛——沉著而機警的小史考蒂、達奇，高大健壯而懂事的大丹狗海爾加，牠們的熱情和溫柔以及偶爾的淘氣，使我備感溫暖。

在忙碌的第一天裡，我還要認真看看我家裡那些簡樸精巧的東西。我要看看腳下地毯的豔麗色彩、牆壁上的圖畫，以及所有可以把一間「屋子」改變成「家」的東西。

我要用最虔敬的目光，注視我讀過的那些凸字書，但是注視完之後，我會更急於看到那些讓有視力的人閱讀的印刷書。因為在我生活的漫長黑夜裡，我讀過的書以及別人讀給我聽的書，已經變成一座偉大光明的燈塔，向我展示出人類文明和人類精神最深處的泉源。

在可以看見東西的第一天下午，我會長時間地在森林裡漫步，讓自己陶醉在自然世界的美色裡，在有限的幾個小時內，我要如醉如狂地飽覽那些永遠向有視力的人敞開的壯麗奇景。結束短暫的森林之旅，回來的路上可能會經過一個農場，這樣我就會耐心地看馬匹犁田的情景，如果運氣不好，或許我只能看到牽引機！我還要看看那些依靠土地為生的人擁有的寧靜滿足的生活。我還要在輝煌壯觀又絢麗奪目的落日下安靜地祈禱。

夜晚來臨的時候，我為自己可以看到電燈而特別喜悅，因為這是人類的智慧在大自然規定為黑夜的時刻，為擴大自己的視力範圍而發明的。在可以看見東西的第一天晚上，我應該會無法入睡，因為腦海裡盡是翻騰著對白天的回憶。

第二天

翌日——也就是我擁有視力的第二天，我會早早起床，去看看那個由黑夜變成白天、讓人激動的奇觀。我會懷著敬畏的心情，去觀賞那個光影讓人莫測的變幻，正是在這個奇妙的變幻莫測中，太陽喚醒沉睡的大地。

我要用這一天來觀察整個世界，將從古到今的風貌匆匆一瞥。我想要看看人類進步所走過的艱難曲折的道路，看看歷代的興衰和滄桑之變。這麼多的東西，怎麼可能壓縮在一天之內看完？當然，這只能透過參觀博物館來完成。我之前經常到紐約自然歷史博物館，用手無數次地撫摸在那裡展出的物品，但是在我的內心深處，我是多麼渴望可以用自己的眼睛看看這個經過縮寫的地球歷史啊！

看看陳列在那裡的地球上的居民——各種動物和不同膚色的人種；看看擁有一副巨大骨架的恐龍，以及早在人類出現以前就生活在地球上的乳齒象，解讀當時的人類如何依靠自己矮小的身軀和發達的大腦去征服這個動物的王國；看看那些表現動物和人類進化過程的逼真畫面，以及那些人類用來為自己在這個星球上建造住所的工具。除此之外，我還要看看很多關於自然歷史等其他方面的東西。

我不知道我們之中究竟有多少人曾經仔細觀察過在那個激動人心的博物館裡展出的那些栩栩如生的展覽品。當然，我必須承認，不是每個人都有這樣的機會。但是我敢斷言，許多有這種機會的人卻沒有很好地利用它。那裡確實是一個使用眼睛的地方。你們有視力的人可以在那裡度過許多大有斬獲的日子，我卻沒有這麼幸運，只能在想像的可以看東西的三天裡，對這些匆匆一瞥。

我選擇的下一站是大都會藝術博物館，正像自然歷史博物館揭示世界物質方面的構成那樣，大都會藝術博物館展現出人類精神的各個層面。貫穿人類歷史的那種對於藝術表現形式的強烈要求，事實上是與人類對於飲食、住宿、繁衍的要求同樣強烈。

在大都會博物館的巨型大廳裡，我們可以透過觀看埃及、希臘、羅馬的藝術，瞭解到這些國家的精神面貌。以前我經常用指尖感觸它們，因此我很熟悉古埃及男女諸神的雕像，可以感覺到複製的帕德嫩神廟的中楣，可以辨別進攻中的雅典武士的優美旋律。阿波羅、維納斯以及薩莫色雷斯島的勝利女神，都是我指尖的朋友。荷馬粗糙的和留著長鬚的相貌對我來說非常親切，因為他是熟知盲人的。

我的指尖在羅馬及其晚期那些雕刻得非常逼真的大理石雕塑上停留過，在米開朗基羅那個讓人心潮澎湃的英雄摩西石膏像上撫摸過，我熟知羅丹的才華，對哥德式木刻的虔誠精神感到敬畏。這些可以用手觸摸的藝術品，我都可以理解它們的意義。然而，那些只能看不能摸的東西，我只能依靠猜測去體會那些一直「躲避」我的美。例如：我可以欣賞希臘花瓶簡樸的線條，但是它帶有圖案的裝飾，我卻完全不瞭解。

那就這樣吧，在我看見東西的第二天，我要設法透過藝術去探索人類的靈魂。我從手的觸摸裡瞭解的東西，現在可以用眼睛來看了。整個宏偉的繪畫世界向我打開大門，無論是帶有宗教寧靜虔誠的義大利原始藝術，還是具有狂熱想像的現代派藝術，都會展現在我的眼前。我要仔細觀察拉斐爾、達文西、提香、林布蘭的油畫，也想要讓眼睛享受一下委羅內塞豔麗的色彩，研究艾爾•葛雷柯的奧秘，並且從柯洛的自然裡捕捉到新的想像。啊，這麼多世紀以來產生的各種各樣的藝術，為你們有視力的人提供如此絢麗的美，以及如此深廣的意義！

遺憾的是，這僅僅是對藝術聖殿的短暫訪問，我無法把那些向你們有視力的人「敞開」偉大藝術世界的每個細節都看清楚，我可以得到的只是一個表面的印象。藝術家們告訴我，任何人如果想要正確地、深刻地評價藝術，就要訓練自己的眼睛，要從品評線條、構圖、形式、色彩的經驗中學習。如果我的眼睛管用，我會有多麼快樂啊！我將會懷著無比愉悅的心情去著手這件讓人心醉的研究工作。但是有人告訴我，對於很多可以看到光明、擁有視力的人來說，藝術的世界永遠是一個無邊的黑夜，也是一個難以探索和無法找到光明的世界。

我會懷著複雜的心情，依依不捨地離開大都會博物館，離開那個藏著發掘美的鑰匙的地方——那是一種被人們忽略的美啊！然而，有視力的人不需要從大都會博物館裡找到發掘美的鑰匙。它在規模相對小的博物館裡，甚至在那些小圖書館書架上的書本裡也可以找到。在我想像可以看見東西的有限時間裡，我會選擇一個地方——在那裡——發掘美的鑰匙可以在最短的時間內打開最偉大的寶庫。

我會選擇在劇院或是電影院裡度過可以看見東西的第二個晚上。雖然我現在經常去觀看各種表演，可惜演出的劇情卻要讓一位陪同的人在我的手上拼寫。我多麼想要用自己的眼睛看看哈姆雷特迷人的形象，以及在穿著五光十色的伊莉莎白式服裝的人物之間來來去去的法斯塔夫。我多麼想要效仿優雅的哈姆雷特的每個動作和健壯的法斯塔夫高視闊步的一舉一動。因為時間有限，所以我只能看一場戲劇，這讓我處於進退兩難的境地，因為我想要看的戲劇實在太多了。你們有視力的人隨時想要看什麼都可以，但是我懷疑你們之中究竟有多少人在全神貫注於一場戲劇、一幕電影，或是其他景象的時候，會體會到並且從心裡感謝讓你享受繽紛色彩和優雅動作的神奇視力？

在用觸摸感受生命的世界裡，所有的感知都是有限的，我無法享受節奏動感的美。儘管我知道節奏的奧妙，因為我經常從地板的顫動中辨別音節的節拍，然而只能朦朧地想像帕芙洛娃的魅力。我可以想像那個富於節奏感的姿勢，肯定是世間最賞心悅目的奇景。我從用手指循著大理石雕像線條的觸摸裡，推測出如果靜止的美已經是那麼可愛，看到運動中的美一定更讓人著迷和振奮。

我記得有一次，讓我印象很深刻。當時是約瑟夫・傑弗遜在排練可愛的李伯・凡・

溫克爾，但是他做著動作說著台詞的時候，我摸了他的臉和手。對於戲劇的世界，我只有這麼一點貧乏的接觸，永遠不會忘記那個時刻的歡樂。啊，我一定還遺漏了許多東西。我多麼羨慕你們有視力的人可以從戲劇表演中透過看動作和聽台詞來獲得更多的享受。如果我有幸可以看到戲劇，就算只看一場也可以，就會深刻明白我讀過的或是透過別人的手語表達而進入我腦海的一百場戲劇的人物性格和劇情發展。

這樣，過了我想像中可以看見東西的第二天夜晚，之前我看到的戲劇文學中的許多高大形象，將會活生生地出現在我的眼前。

第三天

等到下一個天亮，我會懷著發現新世界的渴望，再次去迎接初升的旭日，因為我深信，那些有眼睛可以真正看到東西的人一定會發現，每個黎明都是不一樣的黎明，它們是千姿萬態、變幻無窮的。

根據我想像中的可以擁有視力的期限，這是我可以看見東西的第三天，也是最後一天。我沒有時間去抱怨或是渴望，因為要看的東西太多了，我必須抓緊時間。我把第一天獻給我的朋友，獻給那些有生命和沒有生命的東西；第二天，我看到人類和自然的歷史面目；第三天，我要在現實世界裡，在從事日常生活的人們之間，度過平凡的一天。想一下，除了紐約以外，還有什麼地方可以發現人們這麼多的活動和這樣紛繁的情景？所以，我選擇這個城市作為我的下一站。

我從我長島森林的恬靜的鄉間小屋出發。這個小屋在一片綠草坪、樹木、鮮花的包圍中，到處充滿婦女和兒童談笑奔走的歡樂，確實是一個城市辛苦的勞動者們安靜的休息之所。我駕車穿過橫跨東河的鋼帶式橋樑的時候，我又開了眼界，看到人類智慧的巧奪天工和力大無窮——河上千帆競發、百舸爭流。如果我擁有一段看得見的日子有多好啊，我會用許多時間來欣賞河上的美麗風光。

我舉目遠眺，前面就是聳立著的神奇的紐約塔，這座城市就像從神話故事的書頁中跳出來的一樣。這是多麼讓人敬畏的奇景啊！那些燦爛奪目的尖塔，那些用鋼材和石塊築起的巨大堤岸，就像眾神為自己修造的一樣。有千百萬人生活在這幅富有生氣的畫卷裡，但是有多少人願意對它多看一眼？恐怕非常少吧！

人們的眼睛之所以看不見這個壯美的奇觀，是因為他們對眼前的景色視若無睹。

我要趕快登上作為大型建築之一的帝國大廈的頂層，在此之前，我曾經到過那裡，並且透過別人的眼睛，「看到」我腳下的這座生機勃勃的城市。我急於要把想像力和真實感做一次比較。我相信，在我面前展開的這幅畫卷不會讓我感到失望，因為它對我來說，是一個全新的世界、全新的景象。

然後，我開始遊歷這座城市。首先，我站在熱鬧的一角，只是看著來往的人群，想要從觀察中去瞭解他們生活中的一些東西。看到人們微笑的表情，我感到無比欣慰；看到人們做事果斷，我感到無比驕傲；看到人們有疾苦痛楚，我產生憐憫之情。

我漫遊到第五大街，不讓視野被「聚精會神」這個詞語影響，我要把視線解放出來，這樣我才可以不去留意特殊的事物而看到瞬息萬變的色彩。我相信那些穿行在人群中的婦女，其裝束的色彩肯定是我永看不厭的燦爛奇觀。然而，假如我的眼睛管用，或許我也會像大多數婦女一樣，過多地注重個別的服裝風格和剪裁樣式而忽略成群色彩的壯美。我想，我一定會變成一個在櫥窗前流連的人，我會仔細觀看那些多姿多彩的美麗商品，在心裡讚歎它們的賞心悅目。

我從第五大街開始遊歷整個城市——我要去看看花園大街，去看看貧民區，去看看工廠，去看看孩子們玩耍的公園。我總是睜大眼睛去關心歡樂和悲哀，以便深刻探索和進一步瞭解人們如何工作和生活。我的心裡充滿對人和物的憧憬，我的目光不會輕易放過任何一個細小的東西，力求捕捉和緊握自己看到的每件事物。有些場面是讓人高興的，讓你從心裡感到無比愉悅；有些場面卻是讓人憂愁的，讓你感到悲哀和憂鬱。對於後者，我不會閉上眼睛，因為它們也是生活的另一種樣子，如果閉上眼睛假裝無視它們的存在，就等於把自我的心靈封閉、把自我的思想禁錮。

我可以看見東西的最後一天就要結束了，照理來說，我應該把僅剩的幾個小時用在許多重要的探索和追求上，但是只怕我沒有那麼理智。在最後一天的夜晚，我可能還會再次跑去劇院看一齣非常搞笑的滑稽戲，這樣我就可以體會到人類精神世界裡不能缺少喜劇的原因。

午夜的鐘聲響起，我從盲人的痛苦中得到暫時解脫的日子結束了，黑暗又永遠地籠罩在我的身上。當然，我在短暫的三天時間裡，不可能看完我要看的全部事物，只有黑夜重新降臨的時候，我才會察覺到自己沒有看到的東西實在太多了。然而，我的腦海中全是滿滿的美好回憶，這樣我根本沒有時間去懊悔。從今以後，我無論摸到什麼東西，都會回憶起我之前看到它們的樣子。

如果某一天，你也不幸變成一個盲人，你或許會對我如何度過三天可見時光的安排感到不適合而做出自己的決定。然而我相信，如果你真的面臨那樣的命運，你的眼睛將會注意過去漠視的事物，為即將來臨的漫長黑夜儲存記憶。你會改變過去的惡習去使用自己的眼睛，你看到的東西都會變得非常親切，你的目光會犀利地捕捉到任何進入你視線的東西，最後你會看到一扇大門向你打開，門裡是一個真正美麗的全新世界。

我——作為一個罹患眼盲的人，向你們這些擁有視力的人做出提醒，給那些不懂得使用眼睛的人提出忠告：你要想到你明天有可能變成盲人，這樣你就會妥善使用你的眼睛。這樣的方法也可以使用於其他的官能。以此類推，你設想到明天有可能會變成聾人，你就會更好地去聆聽你身邊的聲音，例如：鳥兒清脆的鳴叫聲、管弦樂隊鏗鏘的旋律。假如明天你的觸覺神經就會失靈，盡力去撫摸你可以觸摸到的一切吧！假如明天你再也不能聞也不能嘗，盡力去嗅聞所有鮮花的芬芳、品嘗每一口食物的滋味吧！讓每個器官發揮它們最大的作用，它們在透過各種途徑向你展示這個世界的樣子。我們可以從中體會到各種各樣的快樂，可以領略到各種各樣的美，你為擁有這樣的感知器官而自豪吧！

但是我必須說一句，在所有的器官中，我敢斷言，視力絕對是最值得我們擁有的，它可以更直接地讓我們瞭解到這個讓人賞心悅目的世界。

《附錄》

海倫·凱勒的演講

一八九六年七月八日，在美國賓夕法尼亞州費城的艾瑞山會堂，舉行聾啞人士語言教育促進協會的第五屆年會，以下是海倫·凱勒在會議上的演講：

今天，我可以站在這裡發表演講，我的喜悅之情是無法形容的。我想，你們對聾啞人士可以說話的價值有進一步的認識，就會更理解我此時的心情，而且你們也會理解，為什麼我希望全世界的每個聾啞小孩都可以有學習說話的機會。

我知道，「口語教育」一直被很多人關注與討論，即使是聾啞學校的教師們，對這個問題的看法也完全不同。這讓我感到很奇怪，怎麼同樣一個問題會產生這麼多不同的觀點？更讓我無法理解的是，我們可以用生動的語言來表述自己思想的時候，那些關注我們成長的人，又怎麼可能沒有察覺到我們內心的喜悅？當然，儘管我堅持不懈地使用口語，但是我不想對你們講述「開口說話」帶給我的幸福感。因為我不奢望陌生人總是可以理解我，但是我相信，這樣的情況很快就會得到改善。

此外，我知道我的家人和親友們為我可以開口說話而喜極而泣的時候，我內心的愉悅無法用言語來表述。在家的時候，我可愛的妹妹和弟弟很喜歡要我說故事給他們聽，我們這樣來排解漫長的夏夜。而且，我的母親和老師也經常要我把他們最喜愛的書讀給他們聽。

有時候，我還會與我親愛的父親討論政治形勢，我們為最棘手的問題尋求解決之道，直到我們滿意為止。在討論的過程中，我就像一個既看得見也聽得見的人一樣。所以，你們看，可以開口說話給我帶來多少好處，它可以讓我與我愛的那些人保持融洽和諧的關係，也可以讓我陶醉在廣交良友的快樂之中。這對於我來說，是一件多麼幸福的事情。假如我不能開口說話，我與朋友們之間的關係就會被完全斬斷，我將會陷入無盡的孤寂之中。

直到現在，我依舊清晰地記得我在學習說話之前的情形，那個時候，我總是用手語字母表達自己的想法，但不幸的是，我的思想總是與我的指尖作對，我就像鳥兒在奮力爭取自由一樣，直到有一天，富勒小姐為我打開囚牢的大門，我才終於解脫。我不知道她是否記得我當時迫不及待展翅欲飛的樣子。

當然，第一次的「飛翔」很不容易。「說話的翅膀」脆弱易折，也沒有任何條件可以刺激它們飛翔，除非它們自己想要飛。一個人產生飛翔的衝動時，絕對不會滿足於爬行狀態。然而，我有時候會產生這樣的感覺──我根本就是違逆「上帝的旨意」，硬要使用我「說話的翅膀」。但是我相信上帝是仁慈、博愛的，他知道我的心願，一定會幫我走完這趟艱險之旅。所以我更加勤奮努力，我知道，耐心和毅力一定會取得最後的勝利。

在努力學習的同時，我也在一步一步地實現我所有的夢想，搭建最美麗的空中城堡。最讓我感到開心的時刻，就是我也可以像其他人那樣開口說話。正是抱持這種愉快的想法──為了讓我的母親再次聽到我的聲音，我把每次的努力都變成一次甜蜜的經歷，我把每次的失敗都化作再接再厲的動力。

所以，我想要對那些正在努力學習說話的聾啞同胞，以及正在教他們說話的老師們說：雖然你把自己置於一項艱鉅的任務之中，但是只要你持之以恆，你就會取得成功，所以請打起精神！不要對今天的失敗耿耿於懷，因為成功也許就在明天不期而至。而且，在克服困難的過程中，你會尋找到一種快樂，這是一種在崎嶇道路上跋涉的喜悅之情——如果你從來沒有失足滑倒，如果你的腳下是一條坦途，絕對不會體會到這種快樂的滋味。請記住，未經努力而獲得的幸福終歸容易失去。我們會開口說話，是的，我們也要放聲歌唱，因為上帝需要聽我們說話和歌唱。無論何時何地，採用何種方式，我們都應該尋找自己的幸福。

安妮・蘇利文的演講

一八九四年七月，蘇利文小姐在美國紐約州的肖托夸湖舉行的聾啞人士語言教育促進協會大會上宣讀一篇論文，論文中包含蘇利文小姐對其最新教學方法的表述，這個段落就是選自這篇論文。

你們絕對想不到，海倫得知每種東西都有一個名字的時候，她立刻變成一個開啟英語寶庫的「女能人」。她的一個熱情的崇拜者曾經這樣評價她：「她的頭腦開竅了，從沉睡狀態甦醒過來了，就像帕拉斯・雅典娜從宙斯的頭裡鑽出來一樣」。我們相信他所言非虛。

首先，海倫的記憶在不知不覺地複製保留我們使用的語言。因為她用來表達思想的單字、短語、句子，全部來自我們與她進行的對話之中。事實上，這才是所有兒童應該正常的表現，他們的語言就是對他們在家中聽到的語言的記憶。經過無數遍的重複，日常對話中的某些詞彙和短語就會在兒童的記憶中留下印象。他們開始學習說話的時候，「記憶」就會把詞彙輸送到他們的嘴唇。語言源自生活，並且脫胎於生活的需要和經驗。同樣地，受過教育的人使用的語言，就是一種對書本語言的記憶。實際上，語言和知識是共生共存、相互依賴的。深厚的語言造詣，必然是以真才實學為先決條件。

在語言學習上，我從來不會「為教而教」，我不會刻意而為。這是因為，語言始終是作為一種思想交流的方式而存在，因此語言的學習也是與知識的獲取同時發生。最初，海倫的頭腦幾乎是空白的，她生活在一個她無法認知的世界之中。但是海倫知道每件東西都有一個名字以後，我就會立刻用手語字母的方式，把這些東西的名字拼寫給她。而且，我會繼續喚起她對學習拼寫物體名稱的興趣，我要讓她感受到求知的快樂。

為了巧妙地使用語言，一個人必須有話可說，而且在談天說地的同時，自然會導致人生經驗的獲得。大量的課程訓練無法讓我們的孩子自如地使用語言，除非他們在頭腦中有明確的交流意向。或是，我們可以成功地激發他們的求知欲——瞭解別人的所思所想，並且願意汲取別人的思想精華。

在海倫接受智力啟蒙的最初兩年間，我不想把我的學生限制在某種教育體系之中。我總是試圖發現讓她最感興趣的事物，然後見機行事，以此作為新課程的出發點，這樣她的興趣就不會與我的授課計畫發生衝突。

我也很少要求她動筆寫字。我經常想，只有在孩子們有話可說的時候，我們才可以要求他們動筆。只有教他們學會暢所欲言，自由地表達思想，他們才會將文字落於筆端，因為到了這個時候，他們已經感覺到不吐不快。而且，寫東西需要做一些智力上的準備工作。記憶會隨著頭腦和思維的運行而得到儲存，也會因為知識的累積而得到強化。此後，文字書寫才會變成一種自然而愉快的勞動過程。

在教學過程中，大量讓人摸不著頭腦的文法分類、名詞術語，以及詞形變化，全部被我拋棄了。可以說，與實在的語言本身直接接觸，是她學習語言的不二法門。她主要是透過在語言環境中的實踐來提高表達能力，文法規則對她的幫助是極其有限的。她在每天的會話中、書本中接觸大量的語言，而且她會想盡辦法地尋求解決之道，直至可以正確地使用語言。不可否認的是，我把本來應該用「口」做的工作，全部交給我的「手指」。換句話說，假如海倫擁有視覺和聽覺，她依靠我來解疑釋惑的程度就會比較小。

我認為，數學絕對不會教他們產生「愛」的情愫。有關這個世界的體積和形狀的精確知識，也無法讓他們領悟到大自然的魅力。因此，在最初的幾年間，我們不妨引領孩子們去尋找他們遺失在大自然中的「極樂世界」。讓他們在田野中奔跑，在大自然中瞭解各種動物，這樣他們才可以觀察到真實的事物。而且我相信，每個孩子的身上都蘊藏著「天賦才能」，假如我們施以正確的教育方法，這種才能就有可能被激發出來，並且迅速發展。但遺憾的是，大多數老師不會用適當的方式來開發孩子們身上的這種「高級本能」，反而用一種叫做「基本原理」的東西來填補他們的頭腦。

我認為，海倫可以流利地使用語言，應該完全歸功於她接受的每種思想觀念，幾乎全部來自於語言本身。我們使源源不斷的好書陪伴在海倫左右，在學習過程中，把最優美、最純淨的語言範本呈現在她的面前，提供給她，如此這般，她在對話中就會不知不覺地用到她讀過的詞句。這在她接受教育的過程中，是至為關鍵的一環。

有時候，語言無法將我們的經歷和感受完全表達出來，但是有一點，我們必須要注意到，那就是：對於我們精心準備，自認為超越兒童理解能力的壯麗如詩的語言，兒童卻從中體會到極大的愉悅感。

一位老師對班裡的孩子們說：「將來你們就會理解這些東西。」同時，她停止閱讀，闔上書本。「哦，請把剩餘的部分讀完，就算我們還不理解。」孩子們懇求地說，雖然他們還無法做出解釋，但是他們確實感受到文字的韻律之美，並且深深地陶醉其中。

開始的時候，海倫對剛接觸到的語言也不瞭解，但是這些語言會留存在她的頭腦裡，直到用到的那一天出現，她就會自然而輕鬆地把那些詞句用到她的對話和作文中。事實上，在尚未體會到閱讀的快感和益處的時候，一個孩子沒有必要理解書中每個單字的意思。只有在遇到實質問題的時候，解疑釋惑才屬必要。如果過於依賴閱讀，大量的原始創造力就會被消耗在享受書本的快樂之中。其結果就是，她可以表達自己的「所見所聞」之時，她所說的只是重複別人說過的話，因為此前她所見到的都是別人眼裡的東西。但是反過來說，閱讀也是非常有必要的，因為沒有經過充分的閱讀準備，原始的創造才能不可能被發掘。

我認為，兒童對於書本的看法是在不知不覺之間形成的，我們應該鼓勵兒童為了純粹的快樂而閱讀。閱讀也應該獨立於常規的學校教育之外。書中呈現出來的神奇想像力應該成為兒童生活的一部分，因為這是人類智慧的結晶。可以這樣說，兒童對於「思維的圖畫」與「文學性的想像」的敏感程度越高，他們將來可以創造優美詩句的可能性就會越大。

海倫一直以來所接受的教育，使得她的生活完全無論是以自然界、書本，還是凡夫俗子的角度來審視，都可以用絢爛多彩來形容。她擁有不同凡響的藝術家氣質，以及豐富的情感、強烈的求知欲。她的頭腦裡充滿如此之多的奇妙思想和偉大詩人的理想。在她的眼中，似乎沒有任何東西是平淡無奇的，因為她的想像力正在以絢麗的色彩描繪她的人生。她努力追求的，也是一種熱烈而歡快的生活。

自傳性的短文

一八九二年，海倫・凱勒為《青年之友》寫了一篇自傳性的短文，以下內容就摘錄於此：

在我一歲的時候，我發現正確的走路方法。於是，在這個陽光燦爛的夏天，我連一分鐘也停不下來……

每當爸爸晚上回家的時候，我就會跑到門口迎接他。他會用他強壯的臂膀把我抱起來，幫我整理垂在臉上的亂髮。他還會說：「我的小姑娘，今天做了什麼啦？」接著，就會不停地親我。

明媚的夏天過去沒有多長時間，冬天就到來了。那年的二月非常寒冷和蕭瑟，在我十九個月大的時候，我生了一場大病。對於那場病，我至今還有模糊的記憶。我被發燒折磨得呻吟不止，媽媽坐在我的小床邊，一邊憂心忡忡地禱告：「天上的父啊，請赦免我的孩子吧！」一邊對我百般撫慰。

但是，我燒得越來越厲害，我的眼睛裡面都是火焰。又過了幾天，醫生也認為我救不活了。但是有一天清晨，我的高燒突然消退了，就像它來的時候那樣難以預料，匆匆而過。

然後，我就安靜地睡著了。我的父母知道我活了下來，他們非常高興。在我病癒之後，他們沒有及時發現無情的高燒已經奪走我的視覺和聽覺，從此之後，我的生命中不再擁有光明和聲音。

但是，那個時候我太小了，沒有意識到自己正在經歷什麼可怕的事情。我醒來的時候，發現自己已經被黑暗和寂靜包圍了，我想也許是因為在黑夜的緣故吧！當時的我一定覺得很奇怪，為什麼等了這麼久，白天還不來，它躲到哪裡了？

然而，逐漸地，我習慣了寂靜和黑暗的環境，甚至忘記自己曾經那麼幸福地經歷過白天。很快地，牙牙學語的我不再出聲了，因為我已經聽不到任何聲音，也發不出任何聲音了。

然而，我不是一無所有！確實，雖然我失去視覺和聽覺這兩件上帝賜予我的美麗禮物，但是還有一件最珍貴、最神奇的禮物仍然屬於我，那就是我的頭腦，我還擁有清晰活躍的思維。剛有了一點力氣，我就開始對周圍的人和事產生興趣。母親做家事的時候，我會緊緊地靠在她的裙子上。我用我的小手觸摸每件物品，探查每次移動，正是以這種方式，我開始認識我生活的世界。

我又長大一點的時候，覺得自己應該與周圍的人進行交流，因為我有這樣的需要。於是，我開始向我的父母和朋友們做出一些簡單易懂的手勢。但是，我通常無法準確無誤地表達自己的想法，每當這個時候，我就會因為著急而憤怒……

老師來了有兩個星期了，我已經學會了將近二十個單字。我真的有茅塞頓開的感覺，如同太陽突然出現在沉睡的世界裡一樣。就在那個閃耀的瞬間，語言的秘密暴露在我的面前，我終於見到那個美麗的國度，那個值得我用一生探索的世界。

有一段時間，老師每天都會向我灌輸「杯子」和「杯子裡的牛奶」兩者之間不同的含義。但是我很遲鈍，一直把杯子拼寫成「牛奶」，把牛奶拼寫成「杯子」，老師甚至不抱持任何希望了。最後，老師給我一個杯子，帶著我來到泵房。我們用泵打水，冰涼清澈的水流汩汩湧出的時候，老師要我把杯子放在水管下面，同時為我拼寫「w—a—t—e—r」，原來，這就是「水」啊！這個單字讓我心頭一震，我似乎開竅了。那是一個充滿靈性的早晨，喜悅的歌聲在我的心中洋溢……

那天，我學會了很多單字。具體有哪些，現在我已經記不全了，但是有幾個單字我記得很清楚，那就是：媽媽、爸爸、妹妹、老師。我想，那天晚上，你很難找到一個比我更快樂的小孩。我躺在床上，頭腦裡還在想著白天的事情。

平生第一次，我盼望新的一天早些到來。第二天早晨，我滿心歡喜地醒來，我觸摸到的每件東西似乎都是一個顫抖著的生命。因為在我的眼裡，所有的東西都是新奇而美麗的。從此以後，我開始一刻不停地學習奇妙的知識。

我拼寫單字的時候，還會根據單字做出相應的動作。我會奔跑、跳躍、搖擺，不考處我當時在哪裡。對我而言，那是一個美麗的春天，我和老師從早到晚都在戶外流連，花園裡的花朵有些正在含苞待放，有些已經開始結果。懸垂的金銀花形成長長的花環，芬芳馥鬱的花香瀰漫在空氣中，我沉浸在再次發現光明和歡樂的喜悅之中，我覺得玫瑰花從來沒有開得那麼絢爛過……

此時曙光微露，真是一個迷人的夏日。就在那一天，我要去見一位陰鬱而神秘的朋友。我起床以後，匆匆地穿好衣服，然後就跑到樓下。老師已經在門廳裡，我懇求她立刻帶我去看大海。

「現在還不是時候，我們必須要先吃早餐。」她一邊笑，一邊回答。

吃完早餐，我們立刻趕往海灘。我們走過低矮的沙丘，可能是因為走得太快了，我經常會把腳陷進又長又粗的蒿草裡。於是，在溫暖、炫目的沙地上，我一邊摔著跟頭，一邊哈哈大笑。此時，溫暖的空氣中散發著獨特的香味，而且我注意到，我們越往前走，空氣就會變得越來越清新，越來越涼爽。

突然，我們停下來，不需要別人告訴我，我就知道，大海就在我的腳下。我還知道，大海是讓人敬畏的，浩瀚無邊！因為就在轉瞬之間，陽光似乎就從眼前消失了。但是我沒有感到害怕，反而興奮得大聲叫喊。

我立刻換上泳裝，許多小波浪沖上海灘親吻我的腳，我無所畏懼地跳進浪濤裡。不幸的是，我的腳撞到一塊岩石，致使我跌進冰冷的水裡。

一種陌生的恐懼感，襲上我的心頭。鹹澀的海水讓我難以呼吸，難以睜眼。恰逢此時，一個大浪輕而易舉地把我抛起來，好像我是一顆微不足道的石頭。後來連續幾天，我都是處於戰戰兢兢的狀態，無論老師怎麼勸說我，我也不敢下水了，直到夏天快要結束的時候，我的勇氣才慢慢恢復過來，才感受到隨著海浪漂來蕩去的快樂……

海倫・凱勒的生平

一八八〇年六月二十七日　出生在美國阿拉巴馬州北部的塔斯坎比亞鎮。

一八八二年一月　因為罹患猩紅熱導致聾盲。

一八八七年三月　安妮・蘇利文・梅西成為其老師。

一八九九年六月　考入哈佛大學拉德克利夫女子學院。

一九〇二～一九〇三年　著作《我生活的故事》。

一九〇四年六月　順利從哈佛大學畢業。

一九〇八～一九一三年　著作《衝出黑暗》。

一九一九年　應邀去好萊塢主演自傳電影《拯救》。

一九二四年　成為美國盲人基金會的主要領導人。

一九二九年　著作《我的後半生》。

一九三一～一九三三年　榮獲天普大學榮譽學位，訪問法國、南斯拉夫、英國。

一九三六年十月二十日　老師安妮・蘇利文去世。

一九四二～一九五二年　出訪歐、亞、非、澳各大洲十三國。

一九五三年　美國上映海倫・凱勒生活和工作的記錄片《不可征服的人》。

一九五五年　著作《老師的故事》。

一九五九年　聯合國發起「海倫・凱勒」世界運動。

一九六〇年　美國海外盲人基金會頒布「海倫・凱勒」獎金。

一九六四年　榮獲總統自由勳章。

一九六八年六月一日　與世長辭。

海倫・凱勒的名言

一・只要朝著陽光，就不會看見陰影。

二・信心是命運的主宰。

三・世界上最好和最美的東西是看不到也摸不到的，它們只能被心靈感受到。

四・黑暗會使人們更珍惜光明，寂靜會使人們更喜愛聲音。

五・像明天就要失去那樣去利用你的眼睛。

六・無論處於什麼環境，都要不斷努力。

七・愛是摸不到的，但是你可以感受到它帶來的甜蜜。

八・我努力求取知識，目的在於希望日後可以使用到，為社會貢獻一點力量。

九・人生最大的災難，不是在於過去的創傷，而是在於放棄未來。

十・死亡只是從這個房間搬遷到那個房間，可是我可能跟別人不一樣，因為我在那個新的房間就可以用眼睛看到東西。

十一・只要是真正有益於社會的事情，又是我可以做的，我都會全力以赴。

十二・只是依靠觸覺就可以感受到這麼多的幸福，如果可以看見，我會發現多少更美好的東西啊！

十三・因為在我生活的漫長黑夜裡，所以我讀過的書以及別人讀給我聽的書，已經變成一座偉大光明的燈塔，向我揭示出人類生活和人類精神的最深泉源。

十四・把活著的每一天看作是生命的最後一天。

十五・我只看我擁有的，不看我沒有的。

十六・我的任務是練習，練習，不斷練習。失敗和疲勞經常將我絆倒，但是想到再堅持一會兒就可以讓我愛的人看到我的進步，我就會產生勇氣。

十七・殘忍的命運擋住了入口，我會不甘願地質問命運為何做出這樣專橫的宣判，因為我的心尚未馴服，仍然是狂熱的；但是刻薄無情的話到了口裡，我的舌頭卻沒有說出來，就像還未落下的淚，又流回我的心中。

心學堂 34

假如給我
三天的光明

企劃執行　海鷹文化
作者　海倫・凱勒
譯者　逸凡
美術構成　騾賴耙工作室
封面設計　九角文化/設計
發行人　羅清維
企劃執行　張緯倫、林義傑
責任行政　陳淑貞

出版者　海鴿文化出版圖書有限公司
出版登記　行政院新聞局局版北市業字第780號
發行部　台北市信義區林口街54-4號1樓
電話　02-2727-3008
傳真　02-2727-0603
E-mail　seadove.book@msa.hinet.net

總經銷　知遠文化事業有限公司
地址　新北市深坑區北深路三段155巷25號5樓
電話　02-2664-8800
傳真　02-2664-8801

香港總經銷　和平圖書有限公司
地址　香港柴灣嘉業街12號百樂門大廈17樓
電話　（852）2804-6687
傳真　（852）2804-6409

CVS總代理　美璟文化有限公司
電話　02-2723-9968
E-mail　net@uth.com.tw

出版日期　2024年12月01日　一版一刷
定價　320元
郵政劃撥　18989626　戶名：海鴿文化出版圖書有限公司

國家圖書館出版品預行編目（CIP）資料

假如給我三天的光明：海倫・凱勒自傳
／ 海倫・凱勒作 ； 逸凡譯.
-- 一版. -- 臺北市 ： 海鴿文化，2024.12
面 ； 公分. --（心學堂；34）
ISBN 978-986-392-541-5（平裝）

1. 凱勒(Keller, Helen, 1880-1968)　2. 傳記　3. 美國

785.28　　113017001

SeaEagle

SeaEagle

SeaEagle

SeaEagle